心靈工坊 |PsyGarden|

STORY

在奔馳的想像中尋找情感的歸屬
在迷離的經驗中仰望生命的出口
在波動的人性中釐定掙扎的路徑
在卑微的靈魂中趨近深處的起落

深夜加油站遇→見蘇格拉底

Way of the Peaceful Warrior

全新修訂版

A Book that Changes Lives

丹．米爾曼 Dan Millman——著

韓良憶——譯

目錄

第一部
風的改變　067

第二部
戰士的修練　161

第三部

莫名其妙的快樂

感謝

我一生受到許多師長先賢的指點護佑，他們各以各的方式促成我寫出本書。尤其是我的父母，他們愛我、信任我，為我犧牲；還有我的出版人霍爾．克拉瑪（Hal Kramer），他相信自己心靈之眼和敏銳的出版直覺，冒險出版本書。我也非常感謝聯合出版人琳達．克拉瑪（Linda Kramer），感謝她全心的支持和她的熱情正直。我還要感謝馬克．艾倫（Marc Allen）、傑生．嘉納（Jason Gardner）和「新世界文庫」（New World Library）的工作成員，他們在出版領域的睿智見解，使這本書一開始便氣勢鮮活，至今已二十餘年。

打從一開始，查理．溫頓（Charlie Winton）和「西方出版者集團」（Publishers Group West）的員工便為作者、出版者和大眾，架起了聯結的橋樑，他們的卓越工作表現常常不為人知，可是對許多作者來說，他們的努力卻是關鍵所在，我真的十分感謝他們。我也要謝謝我的兩位經紀人麥可・拉森（Michael Larsen）和伊莉莎白・波瑪達（Elizabeth Pomada）。

最後，但永遠是最首要的，我要對喬依獻上我永恆的愛和感激，她不但是我的妻子、伴侶、朋友、老師、最嚴格的編輯和最忠誠的支持者，更是我這一生蒙受的最大恩典，是我靈魂的守衛天使。

當然，還有蘇格拉底。

獻給寧靜戰士[1]，

他們當中的蘇格拉底，不過是閃爍的倒影，

他既無名無姓，又擁有許多名字，他是我們所有人的本源。

註釋

1 編註：「寧靜戰士」，原文為peaceful warrior或warrior of peace，在原中文版譯為「和平勇士」，然而多年來對本書的理解、同時亦參考了《蘇格拉底的旅程》（*The Journey of Socrates: An Adventure*）一書的譯法後，本書的「和平勇士」已全部改為「寧靜戰士」，「勇士」一詞也會改為「戰士」，以便更能傳達作者欲追求內心寧靜而戰的概念。

推薦序

答案在風中

韓良露

世界上有一種閱讀的原型，在不同的時代都會出現不同的化身，這種閱讀是人類永恆的需要，因為它反映了人類內在最深沉的心靈探索，就是尋找人為什麼活在這個世界上的意義和目的。

這種閱讀都以英雄的冒險故事（SAGA）出現，因此不管是希臘時代荷馬的《奧德賽的流浪》，中世紀《亞瑟王與巫師梅林》的傳奇，或這些年暢銷全世界的《哈利波特》及《魔戒》，都不只是關於英雄在現實世界的冒險犯難，最重要的內容反而是英雄的心靈成長的旅程，英雄之所以成為英雄，不僅是他打贏了多少外在敵人，而是他最終是否可以戰勝自己。

在我成長的青少年時期，赫曼·赫塞的《流浪者之歌》，曾經是全世界不少年輕人手持一本的心靈聖經，後來我旅行世界各地時，也都發現在每個年代的年輕人群體中都會出現幾本的「祕教書」（cult book），靠著年輕人的口耳相傳成為暢銷書，之後再成為經典，這些書因為都曾陪伴年輕人的心靈成長，教導他們如何面對世界，這些書最終的歸屬都不會像這世界上的許多書籍一般，落腳於書架的塵埃之中，隨著時間被遺忘，這些心靈聖經永遠在記憶的殿堂之中，祭放在獨特的聖土之上。

八十年代中期，我在舊金山時，經由柏克萊大學友人的介紹，讀到了當年轟動全美國、暢銷了百萬冊的《深夜加油站遇見蘇格拉底》。這本書緊緊地抓住了我的心，作者丹．米爾曼（Dan Millman）是一個非常會說故事的人，在這本半自傳體小說中，活靈活現地創造出三個讓人一看就難忘的角色，一是代表作者本人，也同時代表無數對世界迷惘的年輕心靈，渴望了解存在的終極意義；二是那位荒誕有趣、卻時時句句真言、靈光湧現的深夜加油站的老工人，也就是作者暱稱的蘇格拉底，他並視之為上師；第三位人物是古怪精靈的女友喬依，代表著作者失落了一半的靈魂伴侶。閱讀《深夜加油站遇見蘇格拉底》，會產生很愉悅的經驗，有一種有人正在為你加持氣場的感受，內在的能量會變得很高昂，腦子會變得很清明，尤其當書中的加油站工人蘇格拉底提出獨特的反問時，讀者會跟隨著敘述走，一起思考，也一起展開心智與心靈的神祕探索。

作者之所以會用加油站工人的職業與蘇格拉底的外號來描繪他的心靈導師，自有其喻意。加油站工人是很平凡的工作，但為汽車加油，使其能跑卻是非常重要的事，人人往往也知道該為車子加油，卻會忘記自己的心靈如果不加油，也就不能跑了。許多人們的心靈都有如停在身體停車場內忘了加油的報廢車，但我們該如何為心靈加油呢？在《深夜加油站遇見蘇格拉底》一書中，蘇格拉底教導的方式不是告訴你該去做什麼，蘇格拉底不是一位給答案的上師，他幫助的方式是讓學生察覺問題所在，再懂得提出正確的問題，然後在自己去尋找答案。

書中的蘇格拉底的原型，當然是來自古希臘的聖哲蘇格拉底，這位在雅典市集上到處問人問題的思考者，認為人在世上最重要的生命目的就是「認識自己」，認識自己是古希臘戴爾菲的神喻，其實在另一彼岸的印度聖哲釋迦牟尼提出的生命功課也是「自我覺察」，覺者即佛。

覺察什麼呢？我們在書中看到這位奧運選手的敘述者，從永遠計劃著下一步要完成什麼目標導向的人生觀中緩慢下來，懂得在慢活的狀態中察覺到什麼是此時此地（Here & Now），慢慢懂得了活在當下當刻。

但活在當下當刻，並非止水的狀態，而是風動的現象，我最喜歡書中蘇格拉底的身教常常以風為暗喻，宇宙風生水起，風向永遠在變，能聞風起舞的人才懂得跳出曼妙之舞。

二十多歲的我，《深夜加油站遇見蘇格拉底》曾給予過我充滿啟示的生命風景。在很多年後，當身為心靈工坊董事的我被交付了一項功課，要為心靈工坊提出一本奇蹟書，我自然想到了這本《深夜加油站遇見蘇格拉底》，還有什麼書比懂得認識自己更是生命的奇蹟了?!巧的是，當這本書還在翻譯中時，我得知了這本書在出版二十五年後（一九八〇年初版），會在二〇〇五年拍成電影，將在二〇〇六年上映。我突然又感覺到風的吹動，如同美國民歌手 Bob Dylan 所唱，答案在風中飄動……風又吹回來了。

如今重讀《深夜加油站遇見蘇格拉底》，才發現這本書不只適合青年人讀，更適合中年人讀，青年人隨風出征，中年人隨風而立，老年人隨風而逝。在不同的生命情境之中，閱讀此書自有不同的心境與領悟。答案在風中。

新版推薦序

願每個人都能在亂世中，成為寧靜戰士

貝莉（出版社編輯、作家）

書會在你需要的時候來找你，我一直是這樣認為的。

或許是這樣，當我受夠了一段長時間的低潮，撿了一些正念相關的書籍閱讀，試圖找到出路時，便收到出版社的邀約，問我要不要幫《深夜加油站遇見蘇格拉底》寫推薦序。

那時，逐漸回到正軌的我，覺得像是收到宇宙的禮物，旋即答應。

在此書十五年前（二〇〇七年）剛出版時，我就已買下，印象中，這本書在我二十來歲的迷惘日子裡，曾給了我一些力量。也因如此，在這幾年搬家的書櫃斷捨離中，這本書始終被我留下，如今放在我的舊居。

憑藉著這樣的記憶，我答應了，但想到，既然要寫推薦序，應該要把書重看一次。所以我再次打開書，想要重溫當年的感動。

怎知打開來時，我矇了，故事的記憶變得很淡薄，自問了幾次當時真的有看嗎？我相信是有的，因為幾個寓言故事的對話我都記得，而且我熟知自己的閱讀習慣，非得很喜歡的書才會一直跟著我，但內容怎麼如此陌生？

十五年前的我，並不快樂，在那痛苦中，書籍給了我一些暖意，但蘇格拉底跟丹所講的話、那些體悟，當時我並不明白，二十來歲的我，不如二十多歲的丹，有那麼多堅毅和勇敢，去思考蘇格拉底的智慧，而今四十來歲的我，卻有了許多新的體悟。

書會在你需要的時候來找你，且書本是可以穿越時空的。

這本書於一九八〇年在美國發行時，我才一歲，是書中「蘇格拉底」口中，還沒被世界僵化、被欲望跟渴望污染的時候。

二〇〇七年繁體中文版發行，二十多歲的我閱讀了此書，卻未能理解蘇格拉底的提醒，我跟初期的丹一樣憤怒，想要找出口，於是就當個精彩的故事看下去，看完了，就放在書櫃裡，心中的想法或許就是「啊，我讀了一本暢銷書」，但四十多歲的我，在看這本書時，已能句句思考其中的智慧，反思自己的生活。

我們想要什麼，於是想要給予這世界什麼，大多時候僅是瞬間的念頭罷了，而作者從一九八〇年寫這本書開始，在四十多年的漫長旅程中，從未放棄把他當時習得的智慧向大家傳遞、分享。再次閱讀完這本書後，我上網搜尋他的照片與近況，看著作者爽朗的笑容，更認同他在新版序中所說，在這資訊流通便利的時代，這本書更能推廣給大家，在這時代，更能幫助到許多人。

新版有個巧思：「peaceful warrior」原書翻為「和平勇士」，這個新版改為「寧靜戰士」。在這紛亂的世代，「寧靜」的確更是我們所需要的防護罩。

此版還特地做成文庫本，建議選購這本書的朋友，可以在通勤時刻閱讀。

這幾日重讀，好幾次我都是在通勤時的空檔，甚至在會議與會議之間奔波時在車上閱讀，我發現這是很棒的短暫充電，能夠讓自己紛亂的心，隨著丹的心靈之旅重新整理。

而近期每日也都會抓一點時間靜坐的我，當看到丹修練的煩惱，以及蘇格拉底給他的建議時，也會去思索，自己是否也和年少氣盛的丹一樣，困在某個幻象之中？又該怎麼做才能讓內心更為穩定？

一本經典之書，永遠值得一讀再讀。一本暢銷書，肯定在當紅時，每個愛書人人手都會有一本，但當時的你，真的理解書中所想嗎？或者當時的你跟現在的你在看這本書時，是否就像丹手中的那張名片，會隨著情況不同，而看到不一樣的東西？

《深夜加油站遇見蘇格拉底》私心覺得是該每五年或十年，就重讀的好書，每一次，必定會獲得新的反思與能量。而若是想要挑選一份禮物贈與年輕學子、晚輩，這本書也必定是極好的選擇。

丹遇到了蘇格拉底，改變了他的人生；而他，把這故事寫成書，影響更多的人。希望大家能把這份愛傳遞下去，期望每個人，都能夠在亂世中，成為寧靜戰士。

作者序

寧靜戰士之道

從一九六六年十二月開始，一連串非比尋常的事陸續在我的生命中發生，當時我是柏克萊加州大學三年級的學生。一切始於某日的凌晨三點二十分，在一個通宵營業的加油站裡，我首次與蘇格拉底相遇。（他並未自動報上真實姓名，不過在和他相處一晚以後，我心血來潮地用這個古希臘聖哲之名稱呼他，他欣然同意，此後這就變成了我們的默契。）這一次的偶遇以及接下來的歷險，改變了我的一生。

一九六六年之前，我一直被幸運之神眷顧，在安穩的環境中由愛護我的雙親撫養長大，後來在倫敦的世界彈簧床錦標賽中拿到冠軍，周遊歐洲各國，得獎無數。這段生命歷程為我帶來受之無愧的讚賞，卻沒有為我的內心帶來永恆的寧靜與滿足。

如今我體認到，就某方面來說，我在那些年中一直都沉睡著，只不過夢見自己是醒的，直到遇見待我亦師亦友的蘇格拉底為止。在那之前，我總以為，我理當擁有一個洋溢著歡樂和智慧的優質生活，這就像已經註定好的命運。我從未料想到，有朝一日我得學習如何生活——我必須遵守某些特定的戒律清規，掌握某種看待世界的方式，方能清醒地過著單純、快樂、不複雜的生活。

蘇格拉底把我的生活方式，和他的生活方式——也就是寧靜戰士之道——相互對照了一番，讓我看出我錯在哪裡。他不斷取笑我過著既嚴肅、憂心忡忡又問題重重的生活，直到我終於看清他那睿智、慈悲且幽默的教導。他循循善誘，非要讓我明白何謂戰士般生活的真義。

我常常徹夜坐在他身旁，直到天亮——聽他說話，和他爭論，並忍俊不住和他一同大笑。本書乃根據我所經歷的這一切所寫成，但無可否認，它同時也是一本小說。蘇格拉底這個人確實存在，但是他與這世界融為一體，因此有時很難區分哪些部分是他的親身事蹟與教誨，又有哪些是取材自其他教師和生活經驗。至於對話部分由我虛擬自撰，在時間順序這方面，偶爾也未恪守實際狀況，此外我還添加了軼事和隱喻，以便凸顯出蘇格拉底希望我代為傳達的那些教誨。

生命並非私人事務，唯有透過與他人分享故事和故事的教訓，才具有意義。因而我選擇與你分享吾師那極富洞察力的智慧和幽默，藉此向他致敬。

作者新序

《深夜加油站遇見蘇格拉底》的生命將透過你的閱讀而綿延不斷——寫給台灣讀者

西方的求道之士傳統上專注於從道家學者、禪宗大師、西藏喇嘛、印度仙人、中東蘇菲主義學者身上，尋求東方的靈性智慧。今日，藉由網路的連結，我們可以接觸到全世界的智慧遺產。無論何處皆能有我師——就算是在某座老舊的加油站。

自從本書在八〇年代出版以來，世界有了劇烈的變化。在八〇年代，沒有全球網路或APP；沒有智慧型手機、電子書或有聲書。以往想要入手一本書，我們就得跑一趟書店去瀏覽書架。

儘管世事變化的步調，有如以陡峭的曲線加速著，但我們依然一年有四季、一天有二十四小時——而且自然與靈性的法則依舊長存。因此，在撰寫本書之時，我的目標並非在於一時，而是恆久適用，希望可以藉由我故事中的枝微末節傳達普世通行的智慧。此外，還有什麼能夠解釋本書會如此受到台灣與全球讀者的心靈歡迎呢？

我們身為人類所共有的渴望，讓我們彼此間的差異相形失色。說到頭來，我們都是寧靜戰士（peaceful warriors），因為我們懷抱著一顆寧靜祥和的心掙扎求生，卻又以戰士的精神面對日常生活中的種種挑戰。

本書提醒新世代的讀者們，在我們身上具有更高的希望與潛能。加入我的行列，踏上個人轉變之道的讀者們，會發現對於靈修的視野變得更加寬闊，而且對靈修的興趣也再度被喚醒。曾有一位讀者對我說：「現在我讀過這本書了，我想接受靈修訓練，可是我有老婆，兩個小孩，還有一份全職工作——我要怎麼騰出時間來？」他很快地就理解到他的家庭與事業，其實就是他基本的靈修。此地此刻，我們的日常生活所需求的，以及所成長的時間，都更多於待在洞穴裡打坐冥想。

二〇〇六年，本書被翻拍為電影——一位編劇評價這部片是「兩個鐘頭的覺察饗宴」；電影觸及了一批新的觀眾群，因為這部片起碼擷取到了本書的某些內容與精神。但是只有書本能夠展現出廣闊的題材，並且讓人一窺故事中角色的內在人生。（在我名為《寧靜之心、戰士精神：我的靈性探索之旅》〔暫譯，*Peaceful Heart, Warrior Spirit: the true story of my spiritual quest*〕的最新著作中，將披露你正閱讀的本書其背後的故事。）

如今，付梓四十年後，本書《深夜加油站遇見蘇格拉底》獲得了屬於自己的生命，經過多年來的口耳相傳，躋身「經典名作」的殿堂之中。這些故事，藉由簡單的描述，刻劃了學生與導師之間富有創造性的爭論，這或許會綿延觸及許多不同世代。

藉由閱讀我的故事，你或許能發現自己身上美好的一面。（王聰霖譯）

丹・米爾曼，二〇二二年春天

關於王聰霖

輔大生物系畢業，現為自由作者；譯者與編輯，譯作包括《照護的靈魂》（心靈工坊出版）、著作包括小說《捏捏》（遠足文化）等作品。

戰士，戰士，我們都自稱戰士
我們為輝煌的美德，為崇高的信念，
為莊嚴的智慧而奮戰，
是故，我們自稱為戰士

——增一阿含經

彩虹末端的加油站

「新生活開始了。」我一面想，一面向爸媽揮手告別，駕著我那輛老歸老卻很可靠的「勇者」汽車啟程，褪色的白色車身內，塞滿了我為大學第一年所打包的家當。我覺得自己很堅強、獨立，已準備好接受所有未來的一切。

我應和著電台傳來的音樂，邊哼著歌邊向北疾駛，越過洛杉磯的高速公路，然後上行，通過和九十九號公路連結的葛雷普凡區，沿著公路穿越綠野平疇，大片的原野一直伸展到聖蓋博山腳。

將近黃昏時，我穿過奧克蘭丘陵，蜿蜒下坡，看見閃閃發亮的舊金山灣。看見離柏克萊校園越來越近，我的心情越來越興奮。

我找到宿舍，卸下行李，隔窗凝視金門大橋和在夜色中閃爍的燈火。

五分鐘以後，我走在電報街上，瀏覽櫥窗，呼吸清新的北加州空氣，嗅聞從咖啡館飄來的香味。這一切都令我陶醉不已，我在風光優美的校園小路上漫步，直到三更半夜。

第二天早晨，我用完早餐，走到哈蒙體育館，我一星期有六天要在這裡接受訓練，每天汗流浹背做四個小時的肌肉伸展運動、空翻動作，好追尋我的錦標夢。

過了兩天，我已經被一大堆的人、報告和課堂所淹沒。如此日復一日，月復一月，時光悄悄流逝，緩緩遞嬗，就好像加州溫和的四季。我在課業上的表現尚可，在體育館則虎虎生風。有位朋友說，我是個天生的特技演員，我看來也像：外表清爽整潔，褐色的頭髮理得短短的，身材精瘦結實。我老愛從事大膽嚇人的特技，從小就喜歡遊走在恐懼的邊緣。體育館成為我的庇護聖堂，我在那兒找到刺激、挑戰和些許成就感。

大二結束時，我已代表美國體操聯盟到過德國、法國與英國，贏得了世界彈簧床錦標賽。參加體操賽所得到的獎盃在房間一角越堆越多，我的照片經常被登在《加州日報》上，由於太常出現了，開始有人認出我來，我越來越有名，走在路上，常有女性對我微笑。我有位可人的女性朋友，叫蘇西，她總是那麼溫柔可愛，留著短短的金髮，微笑的時候會露出一口潔白的貝齒，她越來越常來找我，對我頗有好感。就連我的課業也十分順利無礙，這一切的一切都讓我覺得自己彷彿置身世界的頂端。

然而，當我升上了三年級，也就是一九六六年的初秋，有種陰暗又無以名狀的事物開始成形。那時我已搬出宿舍，獨居在房東家後面的獨立小套房。在這段日子裡，儘管事事依舊如意，我卻越來越憂鬱。不久之後，夢魇迅速襲來，我差不多每晚都會驚醒，渾身冒冷汗，而夢境幾乎一模一樣：

我走在市區一條漆黑的路上，重重的黑暗迷霧中，沒有門也沒有窗的高大建築物陰森森地向我迫近。

一個全身罩著黑斗篷的龐大身影，衝著我大步走來。我不是雙眼親見，只是感覺到有個叫人不寒而慄的幽靈，一個發亮的白色頭骨，黑色的眼窩緊緊盯著我，周遭一片沉寂，流露出死亡氣息。它灰白的指骨指向我，關節彎曲，彷彿一隻爪子正在對我招手。我渾身僵硬。

一個白髮男人自那罩著斗篷的恐怖形體後方出現，神態從容鎮靜，臉上沒有絲毫皺紋。他走起路來無聲無息，不知為何，我直覺只有他能助我脫逃，他有能力救我，可是他看不見我，我又無法出聲呼喊他。

披著黑斗篷的死神嘲笑我的恐懼，倏地轉過身去，面對那白髮男人，誰知後者竟衝著死神哈哈大笑。我嚇呆了，愣愣地瞧著。死神氣得伸手去抓他，說時遲那時快，它轉而衝向我，但老人瞬間抓住它的斗篷，將它猛地向風中一拋。

死神突然消失無蹤。一頭華髮的男人看著我，展臂作出歡迎的姿勢。我走向他，然後直接進入他的軀體，和他融為一體。我低頭看看自己，看到自己一襲黑袍，我舉起雙手，看見泛白且多瘤的骨頭合攏在一起，作出祈禱的手勢。

我醒來，大口大口喘氣。

十二月一日當晚，我躺在床上，聽著風聲穿過公寓窗戶的小縫隙肆意咆哮。我輾轉難眠，索性起床，套上褪色的牛仔褲、T恤、球鞋和羽毛外套，走進夜色中，凌晨三點零五分。

我漫無目的地走著，深深吸進潮濕清冷的空氣，抬頭仰望星光閃爍的夜空，傾聽寂靜的街道上稀疏傳來的聲響。寒冷使我肚子餓了起來，因此我走向一個通宵營業的加油站，想買些餅乾和飲料。我雙手插在口袋裡，匆匆穿越校園，經過沉入夢鄉的房子，來到燈火通明的加油站。舉目望去，四下盡是已經打烊的餐館、商店和電影院，陰暗、淒涼，在這黑暗的荒野中，加油站儼然就像螢光綠洲。

我繞過加油站附設的修車房的角落，差點撞上坐在陰影中的一個男人，他坐的椅背就靠在加油站的紅色磁磚牆壁上。我嚇了一跳，往後退了兩步。他戴著一頂紅色羊毛軟帽，穿灰色的燈芯絨褲、白襪和日式夾腳涼鞋，身上披了件輕便的防風外套，看起來挺舒服的樣子，可是他腦袋旁那牆壁上的溫度計卻顯示：攝氏四度不到。

他並沒有抬頭，只是以近乎歌唱似的低沉嗓音說：「如果我嚇到了你，對不起啊。」

「喔，呃，沒關係。這裡有沒有賣汽水（soda pop）？」

「只有果汁。還有，別叫我『老爹』（pop）！」他轉身，衝著我，臉上半露微笑，然後脫下帽子，露出一頭銀得發亮的華髮。接著他哈哈大笑起來。

那笑聲！我愣愣瞪著他好一會兒，他就是我夢中的老人！那白髮，那清爽沒有皺紋的臉龐，他長得又瘦又高，看起來五、六十歲的樣子。他再次大笑，我感到茫然，不知怎地，竟走向那扇標示著「辦公室」的門，推開走入。除了這扇辦公室門，我覺得彷彿還存在著另外一扇門可以通往另一個空間。我跌坐在一張舊沙發上，渾身顫慄，心裡想著，待會兒搞不好會有什麼東西尖叫著破門而入，闖進我秩序井然的世界。我心裡又是害怕，又有點著迷，一種我無法理解的怪異感覺。我坐在那兒，呼吸淺而急促，試圖重返正常的世界。

我環顧四周，這辦公室被佈置得和一般感覺乏味、凌亂的加油站迥然不同，我身下的沙發鋪著一條褪色的墨西哥彩色毛毯，左側靠入口處放了一只箱子，裡頭整齊地擺著旅行輔助用品，比方地圖、保險絲、太陽眼鏡等。在一張深咖啡色胡桃木小書桌後面，有把用褐色燈芯絨布鋪面的椅子，一台開飲機看守著一扇標示「非請莫入」的門。離我較近的地方，另有一扇門，通往修車房。

這屋裡洋溢著居家的溫馨氣息，這尤其博取了我的好感。地板上鋪著明黃色的絨毛地毯，一直延伸至門口那塊迎賓踏毯前面；牆壁新近才刷了白漆，幾幅風景畫增添了幾分顏色。柔和的燈光使我的情緒鎮定了下來，這裡和外頭刺眼的螢光形成對比，讓人心情放鬆。整體上來說，這房間有種溫暖、井然有序又安全的感覺。

我哪裡料想得到這地方將為我帶來不可預測的歷險、魔法、恐怖和浪漫呢？當時我心裡只顧著嘀咕，這裡如果裝上個壁爐，倒也挺適合的。

不久，我的呼吸慢慢舒緩下來，我的內心就算對眼前一切不盡滿意，也不再是亂紛紛的一團糟。白髮男人長得像我夢中的那個男人，當然只是純屬巧合。我嘆口氣，站起來，拉上外套拉鍊，邁步走進冷冽的空氣中。

他依然坐在原地，我經過他身旁時，迅速地偷看他最後一眼，而他亮晶晶的眼神引起我的注意。我從未見過這樣一雙眸子，乍看下，眼中似乎噙著淚水，就要奪眶而出。接著，淚水卻開始閃爍發亮，就好像倒映著滿天星光，我更加被吸引，直到星星變成只是他眼裡的反光。有那麼一瞬間，我迷失了，除了那一對眼睛，我什麼也看不到，那是一雙如同嬰兒一般頑強又好奇的眼睛。

我不知道自己在那兒站了多久，可能是幾秒，也可能是幾分鐘——說不定更久。我突然驚覺自己身在何處，喃喃道了晚安，隨即腳步凌亂地匆匆走向轉角處。

我走到路邊，停下來，脖子一陣刺痛，我感覺得到他正在注視我。我回頭看，頂多才過了十五秒吧，他卻已經**站在屋頂上**，雙手交叉抱胸，仰望星空。我目瞪口呆，看了看仍靠在牆上的那把空椅子，再抬頭往上瞧，這是不可能的事！就算他替一輛由大老鼠駕駛的大南瓜車換輪胎，也不會比此情此景更令我瞠目結舌。

在寂靜的夜裡，我抬頭瞪著那個清瘦的身影，雖然隔了段距離，他看來依舊氣度不凡。我聽見星星在吟唱，彷彿風中的鈴聲。他忽然轉過頭來，直視我的眼睛，我們之間相隔約二十公尺，可是我幾乎能感覺到他呼吸的熱氣吹在我臉上。我打著哆嗦，不是因為寒冷，而是那扇通往現實和夢境相互交織的門再度被打開了。

我抬頭看他。

「什麼事？」他說：「我能幫你嗎？」簡直就是先知的口吻！

「很抱歉打擾你，不過……」

「我原諒你。」他微微一笑。我臉上一陣燥熱，有點不高興。他在跟我玩遊戲，我卻不知道規則。

「好，你是怎麼上到屋頂的？」

「上到屋頂？」他問，一副無辜又大惑不解的樣子。

「對，你是怎麼從那把椅子……」我指指椅子，「在不到二十秒內，跑到屋頂上？你本來是靠牆坐著，就在那兒，我轉身，走到轉角處，然後你就……」

「我在做什麼，我知道得一清二楚。」他拉大嗓門說：「用不著你來告訴我。問題在於，你知道**你自己**在做什麼嗎？」

「我當然知道自己在做什麼！」我開始火大了，我又不是小孩，犯不著聽他教訓！可是我實在太想搞清楚這老頭耍的花招，只得克制住心頭的怒火，保持禮貌地問：「先生，請告訴我你是怎麼上到屋頂的？」

他卻不發一語，只是低頭看著我，直到我後頸開始感到刺痛。最後，他總算回答：「用梯子，就在後面。」然後就不再理我，兀自凝望天空。

我慢慢走到屋子後面，果然有把舊梯子斜靠在後牆上，可是梯頂離屋頂邊緣起碼還有一點五公尺，就算他真的用了梯子——這一點還十分令人懷疑——也沒辦法說明他如何在數秒內上到那兒。

黑暗中，有什麼落在我的肩頭，我驚喘了一口氣，倏地轉身，看到他的手。神不知鬼不覺間他竟已下了屋頂，偷偷接近我。此時我腦中浮現唯一可能的答案：他有孿生兄弟，他們顯然愛耍這招，把無辜的客人嚇個半死。我立刻開口責備他：

「好了，老兄，你的孿生兄弟在哪兒？我可不是笨蛋。」

他輕輕蹙了蹙眉頭，接著放聲大笑。哈！可給我逮到，我說對了，我拆穿他的詭計，可是接下來他的回答又讓我不是那麼有把握。

「我要是有孿生兄弟，何必浪費時間站在這裡，跟一個『不是笨蛋』講話？」他再次哈哈大笑，大步向修車房走去，留我一人站在原地，啞口無言。我簡直不敢相信世上竟有臉皮這麼厚的人。

我連忙跟過去，他走進修車房，在一輛綠色的老福特貨車的車蓋下修理化油器。「那麼，你以為我是個笨蛋囉？」我說，語調比我原本打算的更帶有火藥味。

「我們全是笨蛋，」他回答：「只不過有些人知道，有些人不知道，你好像是後者。麻煩你把那隻小扳手拿給我好嗎？」

我把那隻該死的扳手拿給他，準備跨步離開。可是在走以前，我必須知道答案：「請你告訴我你是怎麼那麼快就上到屋頂去的？我真的很好奇。」

他把扳手遞回來給我，說：「這世界本來就叫人猜不透，用不著想太多。」他指指我身後的架子：「我現在需要鎚子和螺絲起子，就在那兒。」

我沒轍了，無奈地盯著他一分鐘，絞盡腦汁想讓他告訴我我想知道的事情，可是他似乎忘了我這個人。

正當我完全死心，走向門口時，卻聽到他說：「別急著走，做點事吧。」他卸下化油器，動作嫺巧得有如一位正在進行心臟移植手術的外科醫生。他小心翼翼地把化油器放下，轉身面對著我，「來，」他邊說邊把化油器交給我，「把這個拆開，零件放進那個罐子裡泡著，這樣你就不會老是在想你的問題了。」

無奈感逐漸變成笑意，這老頭或許有點惹人厭，可也挺有意思。我決定要表現得隨和一點。「我叫做丹，」我邊說邊伸出手要和他握手，臉上堆滿不怎麼真誠的微笑，「你呢？」

他把螺絲起子放在我伸出去的手裡，「我叫什麼並不重要，你的也不重要，重要的是在名字以外和問題以外的東西。好，你現在需要用這根螺絲起子來拆開那個化油器。」他指著化油器。

「在問題之外並沒有什麼東西。」我反駁：「問題是，你是怎麼飛到那屋頂的？」

「我並沒有飛——我是跳上去的。」他板著臉回答：「那不是魔術，所以別高興得太早。不過呢，因為你的緣故，我說不定得變一個很難的魔術，譬如把一頭笨驢變成人。」

「你以為你是什麼東西啊？」

「我是個戰士！」他厲聲說：「除此之外，我是誰，取決於你**想要**我當誰。」

「你就不能直截了當回答問題嗎？」我狠狠敲著化油器洩憤。

「你就問一個吧，我盡量回答。」他說，臉上掛著無辜的笑容。螺絲起子滑落，刮傷了我的手指，「可惡！」我一面嚷道，一面走到水槽邊清洗傷口。他遞給我一片ＯＫ繃。

「好吧，這裡有個直截了當的問題。」我決心不露出厭煩的聲音：「你怎麼可能幫得了我？」

「我已經幫了。」他指指我手指上的ＯＫ繃，回答說。

我再也受不了，「聽好，我不能再把時間浪費在這個鬼地方了，我需要去睡一下。」我放下化油器，準備離開。

「你怎麼知道你不是一直都在沉睡？你怎麼知道你此時此刻不是在睡覺？」他說，帶著熱切的眼神注視著我。

「隨便你說啦。」我累得不想爭辯，「不過，還有件事。我走之前拜託告訴我，你是怎麼表演那手特技的，你知道，就是在——」

「明天，丹，明天。」他打斷我的話，露出溫暖的微笑，霎時我所有的恐懼和無奈都消逝無蹤。他伸出手，緊握我貼著ＯＫ繃的手。我的手、我的臂、我的整個身體瞬間感到一陣刺痛。他又補上一句：「很高興再次見到你。」

「你說『再次』是什麼意思？」我脫口而出，接著又勉強按下這股衝動，「我明白，明天，明天。」我們倆都笑了起來。我走到門口，停下，轉身，看著他，然後說：「再見——**蘇格拉底**。」

他露出困惑的表情，接著聳聳肩，一副悉聽尊便的樣子。我想，他應該也喜歡這名字，接著我便離開，沒再說任何一句話。

第二天早上我睡過頭，沒去上八點的課，直到下午體操訓練開始前才醒來，準備好去練習。我和瑞克、席德還有其他隊友，先在看台的階梯跑上跑下，接著汗流浹背、氣喘吁吁地躺在地板上，做腿部、肩膀和背部的伸展運動。通常在做這個運動時，我都不發一語，今天卻突然很想和他們說說昨晚發生的一切，我本來打算一吐為快，然而想了半天，卻只能夠說出一句：「昨天晚上，我在加油站認識一個很不尋常的傢伙。」

不過顯然地，他們比較在意他們伸展腿部時的疼痛，不怎麼關心我的芝麻小事。

我們做些伏地挺身、仰臥起坐和舉腿動作，一下子就暖好身，開始做一連串的翻滾動作。我在單槓上旋轉身體，在鞍馬上做正反交叉，並苦練新加進來的一項繃緊肌肉的吊環動作。我一次又一次地在空中飛躍，一面飛，一面在心裡納悶著，我稱為蘇格拉底的那個男人怎會有那麼神奇的本領。我心中有股忐忑不安的聲音，勸我離他遠遠的，然而，我打定主意非摸清楚這謎樣人物的底細不可。

吃過晚飯，我匆匆溫習過歷史和心理學作業，寫好英文報告的草稿，然後就衝出公寓，當時正是晚上十一點。我越接近加油站，心裡越覺得七上八下，他真的想再見到我嗎？我該說什麼才能讓他刮目相看，讓他知道我是個聰明人？

他在那兒，站在門口，微微欠身，手揮了揮，歡迎我進他的辦公室，「請脫鞋，我這裡一向如此。」

我在沙發上坐下，把鞋子放在近處，好方便在必要時可以迅速離開。我依然不怎麼信任這個陌生人。

屋外下起雨來，辦公室內的色彩和溫暖令人感到舒適，和屋外的暗夜與不祥的雲層恰成對比。我開始覺得自在，於是往後靠在沙發椅背上，開口說道：「是這樣的，蘇格拉底，我覺得我以前見過你。」

「沒錯。」他答稱，再次打開了我的心靈之門，在門內那片天地中，夢境和現實合而為一。我遲疑了一下。

「呃，蘇格拉底，我老在作一個夢，而你在那夢中。」我細細打量他，可是他臉上沒有透露蛛絲馬跡。

「我曾出現在很多人的夢中，你的也是。告訴我你作的夢。」

我把我所記得的夢境細節，一五一十全告訴他。房間內似乎越來越黝暗，恐怖的情景在我心頭益發鮮明，那些境遇歷歷在目，我所熟悉的世界開始消褪。

我描述完畢之後，他說：「很好，非常好的夢。」我還來不及問他這話是什麼意思，加油站的服務鈴聲接連響起。他披著連帽斗篷雨衣，走向屋外那濕漉漉的夜。我瞪著窗外，凝視他的身影。

晚上這時候正忙，時值星期五的尖峰時段，顧客一個接著一個，忙碌而緊湊。我覺得光坐在那兒太不像話，所以走到屋外想幫忙，不過他好像沒有注意到。

一輛輛車大排長龍等著我服務，簡直沒完沒了。車子有雙色相間的、紅色的、綠色的、黑色的、金屬頂篷的，還有貨車和外國跑車。顧客的心情就跟他們的車種一樣，各色各樣，變化多端，其中只有一、兩位似乎認識蘇格拉底，不過有不少人多看了他兩眼，好像注意到有哪裡怪怪的，卻又說不出來到底是什麼。

有些人心情亢奮，在我們服務時縱聲大笑，車內收音機開得響亮，蘇格拉底也跟著他們一起笑。有一、兩位顧客看來愁眉苦臉，一副特別不開心的樣子，可是蘇格拉底仍舊客氣有禮——一視同仁，將每位都視如上賓。

過了午夜，車輛和顧客越來越稀少，在一陣轟鬧喧囂過後，突然冷清下來的空氣裡有種詭異的寧靜。我們走進辦公室，蘇格拉底對我的幫忙致謝，我聳聳肩表示不必客氣，心裡卻很高興他畢竟注意到了。我已經很久沒有幫別人做事了。

一回到溫暖的辦公室，我隨即記起我們之間還有未了的事，一屁股坐上沙發，馬上開口：「蘇格拉底，我有兩、三個問題。」

他雙手作出祈禱的姿勢，抬頭看著天花板，彷彿在祈求那神聖的指引，又或者是，神聖的耐心，「好吧，」他嘆口氣說：「你要問什麼呢？」

「嗯，我還是想搞清楚你是怎麼上到屋頂，還有你為什麼說『很高興再次見到你』，我想知道我可以為你做什麼，而你又怎麼可能幫上我的忙。最後，我想知道你的年紀到底有多大。」

「我現在先回答最簡單的問題，根據你的時間來算的話，我九十六歲。」

他才不是九十六歲！！說不定五十六，頂多六十六，也有可能是七十六，果真如此也已經叫人不敢置信了，更何況是九十六歲？他說謊，但他何必說謊呢？除此之外，我還抓到他的另一個語病。

「蘇格拉底，你說『根據你的時間』是什麼意思？你指的是東部標準時間還是說，」我半開玩笑說：「你來自外太空？」

「大家不都是來自外太空嗎？」他回答的同時，我已經覺得大有可能。

「我仍舊想知道我們能為彼此做些什麼。」

「只有一件事：我不介意收最後一個徒弟，而你顯然需要一位師父。」

「我已經有夠多老師了。」我衝口而出。

他頓了一下，深吸一口氣：「你是否有名符其實的師父，取決於你想學些什麼。」他猛然地從椅子上起身，走到門口，「跟我來，我給你看點東西。」

我們走到轉角，從那能看見大馬路和商業區的燈光，以及更遠處舊金山上的萬家燈火。

「丹，存在於那兒的這個世界，」他說，手一揮，從地平線這頭掃向另一頭：「是個學校。生活是唯一的、真正的老師，它提供許多的經驗。如果光憑經驗就可以帶來智慧和滿足，那麼所有的老人都會是既快樂又能渡化人的大師，偏偏經驗中得來的教訓總是隱晦不明。我可以教你學會如何根據經驗來清楚認知這個世界，眼下你最迫切需要的正是這種清晰洞見。你知道我說的對極了，可是你的理智仍在反抗；你尚未將知識轉化為智慧。」

「這我可不知道——我的意思是，我不想研究得那麼深入。」

「不，丹，雖然你現在對此還懵懵懂懂，然而有朝一日，你會研究得就那麼深入，還更深更遠。」

我們走回辦公室，這時正好有輛閃閃發亮的紅色豐田汽車開過來。蘇格拉底一邊打開汽車的油箱，一邊繼續說：「你就跟大多數人一樣，從小只學會自身之外的資訊，比如從書本上、雜誌上和專家那裡學到的資訊。」他把加油槍嘴插進油箱裡，「就像這輛車，你把它打開，把所理解的事實真理灌進去，有時灌進去真知灼見，有時灌進謬論誤導。你以市價購買知識，就跟買汽油沒什麼兩樣。」

「嘿，多謝提醒，我過兩天就得繳下學期的學費了。」

蘇格拉底卻只是點點頭，繼續替客人加油，油箱滿了，他卻沒停手，照樣加油，直到油溢出油箱，流到地面，漫延至人行道上。

「蘇格拉底，油箱滿了——做事不要心不在焉！」

他不理我，繼續讓汽油滿出來，說：「丹，你就像這個油箱，充滿著太多先入為主的觀念，還有毫無用處的知識。你有很許多事實和看法沒錯，然而卻還不大了解你自己。在開始學習以前，你得先清空你的油箱。」他對我咧嘴而笑，眨眨眼，按了一下，關掉加油機檯說：「把汙垢清一清，好嗎？」

我覺得他指的並不只是那灘油污。我匆忙用水沖洗人行道，蘇格拉底則幫顧客結帳，找好零錢，並送上一臉的微笑。我們走回辦公室，安坐下來。

「你打算怎麼做，用**你的**事實加滿我嗎？」我劈頭就問。

「重點不在於事實，而在於身體智慧。」

「『身體智慧』是什麼東西？」

「所有你需要知道的一切，都在你的身體裡面；宇宙的奧祕就銘刻在你的身體細胞當中。可是，你還沒學會怎麼去讀取身體的智慧，所以你只能閱讀書本，聽從專家的意見，並祈禱他們說的正確無誤。」

我簡直不敢相信——這個加油站工人竟指責我的教授無知，暗示我受的大學教育沒有意義？！「我了解這個『身體智慧』的概念，但我可不相信這一套。」

他緩緩搖頭，「你雖然了解很多事情，但卻沒有領悟過。」

「這話什麼意思？」

「了解是智力單一面向的理解，它帶來知識；領悟則是頭腦、心靈和本能三個面向同時都能理解。只有直接的經驗才能讓人有所領悟。」

「我還是不明白。」

「記不記得你剛學會開車的時候？在那以前，你只是個乘客，僅僅了解什麼叫開車。但是當你頭一次親手駕駛時，卻能馬上領悟到那是怎麼一回事。」

「沒錯！」我說，「我記得當時的感受，原來就像那樣啊！」

「正是如此！這個比喻貼切描述了關於領悟的經驗。有朝一日，你會以同樣的方式來談論人生。」

我默默坐在那兒一會兒，又開口說：「你還是沒說明身體智慧如何運作。」

「跟我來。」蘇格拉底招手示意，領著我走向標示著「非請莫入」的那扇門。我們一走進，立即陷入一片漆黑中，我緊張了起來，不過恐懼馬上就被強烈的期待心情所取代，因為我即將學習第一個真正的祕密：身體智慧。

燈光突然亮了，我們置身在洗手間裡，蘇格拉底正對著馬桶小便，聲音很大，「啊，」他說：「這個嘛，就是身體智慧！」他的笑聲迴盪在磁磚牆上，我大步走出去，坐在沙發上，瞪著地毯。

他走出來時，我說：「蘇格拉底，我還是想知道……」

「如果你非要叫我『蘇格拉底』不可的話，」他打斷我的話說，「好歹也讓我提些問題，由你來回答，藉此對這個名字表示一些敬意。你覺得怎樣？」

「當然可以啊！」我回他：「你剛提出了一個詢問，而我也回答了。現在該輪到我，關於你那天晚上所表演的飛行特技……」

「你這個年輕人還真是鍥而不捨，對不對？」

「沒錯。我要是沒有這種毅力，就不會有今天的成就。我又回答了你一個問題。現在，我們可不可以來談談我所提出的問題？」

他不理我，兀自問道：「你今天，此時此刻，在哪裡？」

我開始滔滔不絕地剖析自己，但仍留意到他其實在顧左右而言他，並未回答我的問題。不過我還是對他和盤托出從過去到最近的經歷，以及我那些莫名的沮喪與憂鬱。他像是天底下最有時間的人，耐心又專注地聽我說啊說的，直到好幾個小時以後，我終於把話說完為止。

「非常好，」他說：「不過，你還是沒回答我的問題：你在哪裡？」

「我回答啦，你記得嗎？我告訴你我都是靠著鍥而不捨的毅力，才爬到今天的位置。」

「你在哪裡？」

「你到底在說什麼啊，什麼叫我在哪裡？」

「你在哪裡？」他輕聲再問一遍。

「我在這裡。」

「這裡是哪裡？」

「在這個辦公室裡，在這間加油站裡！」我被這遊戲弄得越來越沒有耐性。

「這個加油站在哪裡？」

「在柏克萊？」

「柏克萊在哪裡？」

「在加州？」

「加州在哪裡？」

「在美國？」

「美國在哪裡？」

「在一大塊陸地上，在西半球一個大陸上，蘇格拉底，我……」
「這些大陸在哪裡？」
我嘆了一口氣，「在地球上，可不可以到此為止？」
「地球在哪裡？」
「在太陽系當中，是從太陽數來的第三個行星，太陽是銀河系中的一顆小星星，這樣夠了吧？」
「銀河在哪裡？」
「喔，天啊，老兄，」我不耐煩地再嘆口氣，翻了個白眼，「在宇宙當中。」我往後一坐，雙手在胸前交叉，表示話題就此結束。
「那麼，」蘇格拉底微微一笑，「宇宙在哪裡呢？」
「嗯，宇宙嘛，有關它怎麼成形，有好幾種理論……」
「我問的不是這個，它在哪裡？」
「我不知道——我怎麼可能回答得出來？」
「這就是重點。你無法回答，而且永遠也答不出來。沒有人知道答案。你不知道宇宙在哪裡，因此也不知道你在哪裡。事實上，沒有一件東西你知道它在哪裡，它到底是什麼，你也不知道它是怎麼成形的。生命就是個謎。」

「我的無知是建立在這個了解上，而你的了解則建立在無知上。所以，我是個幽默的笨蛋，而你是個嚴肅的傻瓜。」

「聽好！」我說：「關於我，我有幾樣事情你應該先知道。首先，我已經可以算是一位戰士了，因為我剛剛好是個優秀的體操選手。」為了強調我說的話，並證明我可以是很隨興的人，我從沙發上站起來，做了一個後空翻，優雅地落在地毯上。

「嘿，」他說：「讚，再來一次！」

「哦，沒什麼啦！其實很簡單的。」我謙虛地笑了笑，我常在海邊或公園對小孩表演這種把戲，他們也都想要再看一次。

「好吧，蘇格拉底，仔細看好哦。」我向上一躍，正要向後翻時，有人或有什麼東西將我拋到半空中。我重重跌落在沙發上，椅背上的墨西哥毛毯蓋住我，把我整個人罩住。我立刻從毯子邊緣沿探出頭找蘇格拉底，他仍然坐在對面，離我有三公尺，蜷縮在椅子裡，露出淘氣的笑容。

「**你是怎麼辦到的？**」我大惑不解，他則一副無辜。

「想再看一次嗎？」他說，接著，他看到我的表情又說：「丹，別為一次小失誤感到難過，就連像你這樣的大戰士，偶爾也是會失手的。」

我木然站在那兒，然後整理沙發，把毛毯攤回原位，塞好。我必須用雙手做些什麼，我需要時間來思考。他是怎麼辦到的？又一個得不到答案的問題。

蘇格拉底輕手輕腳走出辦公室，去替一輛載滿家居用品的貨車加油。他去鼓舞另一位在旅途上的行者了，我心想。然後我閉上眼睛，沉思著蘇格拉底那明顯違反自然律，或至少是一般常識的舉動。

「你想不想知道一些祕密？」我甚至沒聽見他進來，他坐在椅上，雙腿交盤。

我也盤腿坐著，熱切向他靠過去。我以為沙發夠硬，結果因為太向前傾而摔下去。我來不及解開交盤的雙腿，整個人就像倒栽蔥似的趴倒在地毯上。

蘇格拉底盡量克制不笑，但還是忍俊不住笑出聲來。我迅速坐好，挺直上半身。他看到我這副呆相，不由得哈哈大笑。我比較習慣喝采聲，而非被人嘲笑，羞憤交加之下，我猛地站起。

「坐下！」蘇格拉底喝道，聲音裡充滿權威。他指指沙發，我坐下，「我剛才問你，想不想聽一個祕密。」

「想——我想知道有關屋頂的事。」

「你，可以選擇要不要聽祕密；**我**，則決定是什麼祕密。」

「為什麼我們一定得照你的規則玩？」

「因為這是我的加油站，這就是原因。」蘇格拉底以特別誇張的急躁語氣說，他這樣可能是在更進一步嘲諷我，「現在，請集中注意力。對了，你坐得舒服嗎？還有，嗯，坐穩了嗎？」他眨眨眼。

我咬牙切齒，但沒開口。

「丹，我要帶你看些地方，對你講些故事，我有祕密要向你揭露。不過，在我們共同踏上旅程前，你必須明白，祕密的價值不在於你所知道的事，而在於你所**做**的事。」

蘇格拉底從抽屜裡取出一本舊辭典，舉在半空中，「盡量使用你擁有的任何知識，可是要看出它們的限制。光有知識還不夠，知識沒有心。再多的知識也不能滋養或支撐你的心靈，它永遠也無法帶給你終極的幸福或平靜。生命所需要的不僅是知識而已，還得有熱烈的感情、感覺和源源不絕持續不斷的能量。生命必須採取正確的行動，才能讓知識活過來。」

「蘇格拉底，這我知道。」

「你的問題就在這裡，你知道，卻不採取行動。你才不是戰士。」

「蘇格拉底，我知道當面臨壓力時，我表現得像戰士——你應該看看在體育館時的我。」

他點點頭，「你說不定偶爾可以體驗到戰士的心智狀態，有決心、有彈性、思緒清晰、沒有絲毫疑惑。你可以鍛鍊出戰士的身體，柔軟、靈活、敏感、充滿能量。碰上難得的時刻，你甚至會感受到戰士的心靈，對周遭一切都慈悲為懷。可是你只擁有這些特質的片斷，你缺乏整合。小子，我的任務就是把你再一次拼湊完整。」

「等一下！我知道你有些不尋常的才能，而且喜歡把自己弄得神祕兮兮，可是你怎麼敢誇口說要把我拼湊完整。我們來看看眼前的情況吧：我是個大學生，你是個加油員；我是世界錦標得主，而你在修車房裡敲敲打打、泡茶，等著某個可憐的傻瓜走進來，好趁機把他嚇得半死。說不定，是我可以把你拼湊完整。」我不是很清楚自己在說什麼，可是感覺挺爽的。

蘇格拉底大笑起來，邊笑邊搖頭，一副不敢相信他聽到什麼的樣子。然後，他走向我，在我身旁屈膝蹲下，直視我的眼睛，輕聲地說：「將來有一天，你說不定有機會。不過，現在，你該了解一下我們之間的不同。」他戳戳我的肋骨，戳了一下又一下，說：「戰士採取行動……」

「該死，住手！」我嚷道：「我快被你惹毛了！」

「……傻瓜卻只作反應。」

「好吧，那你想怎樣？」

「我戳你，你生氣了；我侮辱你，你表現出有自尊並憤怒的反應；我踩到香蕉皮，而……」他退開兩步遠，滑了一跤，砰地一聲跌在地毯上。我再也受不了，大吼了一聲。

他坐在地板上，轉頭看著我，作最後的說明：「丹，你的感受和反應都是機械性、可以預測的，我的卻不是。我自然而然、隨興創造我的生活，你的生活卻取決於你的思考、你的情緒和你的過去。」

「你憑什麼就這樣斷定我的一切、我的過去？」

「因為，我已經觀察你好幾年了。」

「是啊是啊，當然當然。」我說，等著他開玩笑，可是他並沒有開口。

時間越來越晚，而我需要好好想想這一切。新的責任讓我感到壓力沉重，我無法肯定自己能不能履行這個責任。蘇格拉底站起來，擦擦手，在馬克杯裡倒了礦泉水。當他慢吞吞啜飲的時候，我說：「蘇格拉底，我得走了，時候不早了，我還有一大堆重要的功課要做。」

我站起來，穿上外套，蘇格拉底依舊靜靜坐著。我正要走出門時，他緩慢而慎重地開口，每一個字都像一巴掌輕輕打在我臉上：「如果你想要有機會成為戰士，最好重新衡量你所謂的『重要』。現在，你有呆子的智力，心靈則是一團漿糊。你的確有不少重要的功課要做，內容卻不是你剛剛所說的那些。」

我原本一直低頭看著地板，這時猛地抬起頭來面向他，卻沒辦無法直視他的眼睛，只好轉開。

「你要是想平安通過接下來的考驗，」他接著講：「就需要擁有更多的能量。你必須消除身體的緊繃，拋棄腦中陳腐的想法，敞開心靈，接受慈愛。」

「蘇格拉底，我最好說明一下我的平常作息，我要你知道我有多忙。我很樂意常來看你，不過我沒有多少時間。」

他以陰鬱的眼神看著我：「你的時間甚至比你以為有的更少。」

「你這話是什麼意思？」我喘著氣說。

「先別管這個。」他說：「繼續講吧。」

「嗯，我設定了一些目標，我想成為體操錦標得主，我希望我們的代表隊能贏得全國錦標賽。我想要以優秀的成績畢業，這表示我得看書、寫報告。而你所提供給我的卻像是，在加油站裡待上大半夜，聽一個——希望你不要覺得我是在侮辱你——非常怪異的人講話，這個人想要把我拉進他的幻想世界中。這簡直瘋狂嘛！」

「的確，」他苦笑，「是很瘋狂。」蘇格拉底坐回座位上，低頭看著地板。理智上，我很厭惡他扮出這副孤苦老人的模樣，可是我的內心卻被這個自稱是戰士的強悍的怪老頭所吸引。我坐下，回想起我祖父講過的一個故事：

很久以前，有位受人愛戴的國王，他的城堡在山丘上，居高臨下，俯瞰他的領地。他頗得民心，附近城鎮的人民天天都進貢禮物，而每逢他的壽誕，全國上下都歡欣慶祝。人民敬愛他，因為他睿智而富威望，判斷事情公正不阿。

有一天，悲劇降臨這個城鎮，飲水受到污染，全國男女老幼都發瘋了。只有國王因為擁有私人水泉，而倖免於難。

之後不久，發狂的城鎮居民開始批評國王舉止「怪異」，判斷力拙劣，智慧也是假的。很多人甚至說，國王發瘋了。他很快失去民心，再也沒有民眾進貢禮物或慶祝他的壽辰。

孤零零的國王高踞山頭，無人作伴。有一天，他決定下山，到城鎮走走，那天天氣很熱，所以他喝了村裡的泉水。

當晚，民眾熱烈慶祝，大夥歡欣鼓舞，因為他們所愛戴的國王「恢復正常」了。

這時我領悟到蘇格拉底所指的瘋狂世界，並不是他的世界，而是我的。

我起身，準備離開：「蘇格拉底，你叫我要傾聽我自己的身體本能，不要依賴我所讀到或別人告訴我的東西。那麼，我又為什麼要乖乖坐在這兒，聽你講話呢？」

「問得好，」他回答：「我也有同樣好的答案。首先，我對你講的東西，全出自我自己的體驗，一點也沒有引用從書本上看來或從專家那裡間接聽來的抽象理論。我這個人確確實實了解自己的身心，因此也了解別人的身心。況且，」他淺淺一笑，「說不定我正是你的身體本能，這會兒正在對你說話。」他轉向他的桌子，開始做些文書工作。我就這樣被他打發，走進夜色中，滿腦子都是亂紛紛的念頭。

後來幾天，我都心煩意亂，蘇格拉底讓我感覺自己軟弱無能，他對待我的方式更叫我生氣。他好像一直低估了我，我又不是三歲小孩！我心想，我何苦像個傻瓜似的坐在加油站裡？在這裡，在我的領域中，我可是很受人欣賞與尊敬。

我比以前更賣力練體操，在一次又一次的動作練習中飛躍，全力以赴，身體熾熱燃燒，可是不知為何，我卻不像以前那麼滿足。每當我學會新的動作或得到一聲讚美，就會想起被那個老人拋到半空中，跌落在沙發上的景象。

我的教練霍爾開始為我擔心，想知道我哪裡不對勁。我向他保證，一切都很好，然而事實相反，我不再有興致和隊友哈啦。不知怎地，我就是覺得很困惑。

那晚，我又夢見死神，不過這一回夢境不大一樣。蘇格拉底穿著死神陰暗的服裝，吃吃笑著，拿了把槍指向我，開火，射出來的卻是一面旗子，上面寫著：「砰！」我笑醒了過來，這一點倒和以前不同。

第二天，我在信箱中發現一張字條，上頭只寫了「屋頂的祕密」。那晚，當蘇格拉底抵達加油站時，我已坐在階梯上等他。我提早到這裡，是為了向白天班的服務人員打聽蘇格拉底的事，我想知道他的真實姓名，或者甚至他住在哪裡；不過，他們什麼也不知道，「反正，有誰在乎呀？」有位服務員打著呵欠說：「他不過就是個愛值夜班的怪老頭。」

蘇格拉底脫掉防風外套，「怎樣？」我劈頭就問，「你終於要告訴我你是怎麼上到屋頂了嗎？」

「對，沒錯。我想你已經準備好要聽了。」他鄭重地說。

「在古代的日本，有批菁英的戰士刺客。」

他講到「刺客」二字時，發出嘶嘶的聲音，這令我份外強烈地覺察到外頭的黑暗、沉寂。

我的頸部又出現了刺痛感。

「這些戰士，」他往下講，「稱之為忍者。有關他們的傳說和聲名地位，令人敬畏無比。據說，他們可以變身為動物，甚至有人說，他們會飛，當然啦，飛得不很遠就是了。」

「當然當然。」我附議道，覺得夢土之門被一陣刺骨寒風吹開。他示意我進修車房，那裡停了輛他正在修理的日本跑車，我不知道他用意何在。

「得換火星塞。」蘇格拉底邊說，邊把頭鑽到拉風的車蓋底下。

「嗯嗯，對，可是屋頂的事呢？」我催促他。

「等一下再說，先等我換好這些火星塞。要有耐心，相信我，我要告訴你的事情是很值得等待的。」

我坐下來，玩弄放在工作檯上的一把木槌，聽到另一角的蘇格拉底說：「知道嗎，你要是有真正注意的話，這可是件非常有趣的工作喔。」對他來講，說不定是這樣。

他突然放下火星塞，跑到燈的開關處，輕輕一彈。周遭一片漆黑，伸手不見五指，我緊張了起來，我從來就搞不清楚他會做什麼，而且我們又才剛剛談到忍者……

「蘇格拉底？蘇格拉底？」

「你在哪裡啊？」他就在我身後嚷道。

我一轉身，撞到一輛雪佛蘭車的車蓋，「我——我不知道。」我結結巴巴地說。

「完全正確。」他說，打開燈，「我看你是越來越聰明了。」他露出莫測高深的微笑說。

我搖搖頭，心想他真是瘋子一個，然後坐在那輛雪佛蘭的保險桿上，打量敞開的車蓋底部，發現裡頭有東西不見了，「蘇格拉底，拜託別再胡鬧了，快點辦正事好嗎？」

他一面靈巧地裝好新的火星塞、鬆開分電盤蓋、檢查碟盤，一面繼續往下說：「這些忍者並不是魔術師，他們的祕密在於人類所知最極致的身心訓練。」

「蘇格拉底，你講這些有什麼目的？」

「要看出目的何在，最好等到你到達終點時。」他回答說，接著回到原來的話題。

「忍者可以穿著沉重的甲冑游泳，可以只靠著手指和腳趾攀附著小裂縫，像蜥蜴一樣爬上筆直的牆壁。他們設計富有想像力的攀登繩，是黑的，幾乎看不見，並且採用巧妙的手法來躲藏，比方聲東擊西、製造幻象和脫逃。忍者啊，」他最後補充說：「是了不起的跳躍者。」

「好，總算開始有點關聯了！」我滿懷期待，簡直要摩拳擦掌了。

「年輕的戰士得從小就要接受跳躍訓練，方法是：他會收到玉米種籽，奉命種植。等莖稈長出時，年輕的戰士得跳過短短的莖稈很多、很多次，莖稈每天都在抽高，孩子每天也都得跳過莖稈。不久，莖稈長得比孩子還高，可是他不會就此停止不跳。最後，如果他無法跳過莖稈，就會收到一粒新的種籽，重頭再來一遍。到最後末了，天底下沒有什麼莖稈是年輕的忍者跳不過去的。」

「嗯，那又如何？究竟祕密是什麼呢？」我問，等待最後的答案揭曉。

蘇格拉底停下來，深吸一口氣：「所以呢，是這樣的，年輕的忍者用玉米莖來練習，我則用加油站來練習。」

屋內靜悄闃無聲，突然間，蘇格拉底爆笑起來，悅耳的笑聲在整個加油站裡隆隆作響。他笑得實在太厲害，不得不靠著正在修理的日產車子上。

「就這樣？有關屋頂的事，你說要告訴我的就只有這樣？」

「丹，在你還不能**做**以前，就只能知道這麼多。」他回答。

「你是說，你會教我如何跳上屋頂？」我問，整個人霎時容光煥發。

「說不定會，也說不定不會。現在，請把那螺絲起子丟過來給我，好嗎？」

我把螺絲起子丟給他，我發誓，他在空中接住時，眼睛是看著別的地方！他很快用過螺絲起子，把它拋回來給我，喊道：「小心！」我沒有接住，螺絲起子哐噹一聲，掉落在地。真令人火大，我不知道自己還能承受多少愚弄。

幾個星期很快就過去了，失眠已成家常便飯，不過，我多少有點適應了。而另外還有一項改變是，我發覺，對我來說，和蘇格拉底見面，變得比練體操更有意思。

每天晚上，當我們在替車子提供服務時——他加油，我擦洗車窗，而且兩個人都會跟顧客開玩笑——他總是鼓勵我多聊聊自己的生活。怪的是，他卻閉口不提他自己的生活，我一提到這點，他要嘛短短答上一句「以後再談」，要不就是顧左右而言他。

我問他為什麼對我的生活細節那麼感興趣，他說：「我需要了解你個人的幻象，才能掌握你的病情。我們得先淨化你的心智，通往戰士之道的門才會開啟。」

「你可別干擾我的心智，我就喜歡它現在這個樣子。」

「你要是真喜歡它現在這個樣子，此時此刻就不會在這裡啦。過去，你曾多次改變你的心智，不久以後，還會以更深刻的方式來改變。」聽到這句話，我決定從今以後得小心提防這個人。我並不是很了解他的底細，也不確定他到底有多瘋狂。

這麼說吧，蘇格拉底的風格多變，絕不中規中矩，他幽默，甚至怪異。有一回，他正在對我講道理，談到「不可動搖的沉著鎮靜能帶來無上裨益」，講到一半，卻邊喊邊追趕一隻小白狗，因為牠在加油站的台階上撒尿。

還有一次，大約一星期以後，我們整夜未眠，走到草莓溪，站在橋上，俯視著因冬雨而滿溢的溪流。

「不知道今天的溪水有多深。」我隨口說，心不在焉地低頭望著奔流的溪水。緊接著，我跌進混合著泥沙的黃褐色滾滾溪水中。

他竟然推我下橋！

「嗯，有多深呢？」

「夠深了。」我嘴巴噴著水，拖著身子和濕漉漉的衣服，奮力上了岸。不過信口一句話，就落到這種下場，我暗暗叮囑自己，以後千萬別開口。

日夜流逝，我越來越注意到我們之間的差異。在辦公室裡，我肚子餓時會狼吞虎嚥一堆糖果棒，蘇格拉底則細嚼慢嚥新鮮蘋果或梨子，或泡杯花草茶。我一會兒就在沙發上坐立難安、動來動去，他則像菩薩一樣，總是靜靜安坐著。我移動時，笨手笨腳，還會發出噪音，他卻輕盈滑行過地板。請注意，他是個老人喔。

即使在初期那段日子中，每晚也都有許多小小的訓誡在等著我。有天晚上我犯了個錯，埋怨學校裡的人對我不大友善。

他輕聲說：「你最好為你現在這樣的生活負責，而不是為你所受到的困境去責怪別人或環境。等你眼睛張開時，你會看到你的健康、幸福和你生活中的各種困境，大部分都是你自己一手造成的——不管是有意或無意間。」

「我聽不懂你話裡的意思，不過我想我不怎麼同意你的說法。」

「我以前認識一個人，就跟你一樣，我在中西部的一處建築工地認識他。當午餐的哨聲響起時，所有的工人都會坐在一起吃飯，每一天，山姆都是一打開午餐盒就便開始發牢騷。

「『真要命！』他會嚷道，『又是花生醬和果醬三明治，我討厭死了花生醬和果醬！』

「他天天埋怨他的花生醬和果醬三明治，直到有一天，有位同事終於問他：『山姆，拜託你好不好，你要是這麼討厭花生醬和果醬，幹嘛不叫你老婆準備其他的東西？』

「『什麼老婆啊，你在說什麼？』山姆回答說，『我又沒結婚，三明治是我自己做的啦。』」

蘇格拉底停頓了半晌，又說：「我們不都是自己做三明治嗎？」他遞給我一只牛皮紙袋，裡頭裝了兩個三明治，「你要乳酪加番茄的，還是番茄加乳酪的？」他咧嘴笑著問。

「喔，隨便哪個都成。」我也開玩笑說。

我們吃三明治時，蘇格拉底說：「當你完全為你的生活負起責任時，便可以成為一個完整的人。你一旦變成完整的人，就會發現成為戰士是什麼意思。」

「蘇格拉底，謝謝你給我精神食糧和肚皮食糧。」我彎腰行禮，然後穿上外套，準備離去，「我接下來有一、兩個禮拜不能來看你，期末考快到了，而且我還有些事得好好想一想。」我不等他開口，就揮手告別，回家去了。

我一頭栽進學期末的課程中，在體育館的時間則花在歷來最辛苦的訓練上。我一旦停止驅策自己，腦中便會思緒起伏，心頭亂糟糟。我感覺到開始出現一種跡象，顯示著我今後會對日常生活越來越疏離。我生平頭一次可以在兩個現實之間作選擇，一個現實是瘋狂的，一個是正常的，但是我不知道哪個是瘋狂，哪個是正常，所以兩個現實我一概不投入。

我無法擺脫越來越強烈的感覺，那就是，說不定，只是說不定，蘇格拉底並沒有那麼怪異。他對於我的生活的描述，也許比我想像中的還準確。我開始看見我和別人相處的狀況，而我看到的令我內心不安。外表看起來，我夠隨和了，可是其實我只關心自己。

我的好友比爾從鞍馬上摔下來，斷了一隻手腕；瑞克練了一年之久，總算學會一種全身扭轉的後空翻。我對兩件事情的情緒反應卻都一樣：沒反應。

我越有自知之明，越覺得有壓力，對自己的看法也越快速地崩毀。

就在期末考前的一天晚上，有人敲我的房門，是一口貝齒、滿頭金髮的啦啦隊長蘇西，我已經有好一陣子沒見到她了。我又驚又喜，這才領悟到自己有多寂寞。

「丹，不請我進去坐嗎？」

「喔，當然，請進，真高興見到妳。呃，請坐，我幫妳拿外套。想不想吃點什麼，或喝點什麼？」她光是盯著我瞧。

「蘇西，怎麼了？」

「丹尼，你看來好累，但是……」她伸手摸摸我的臉，「有什麼東西……你的眼神看起來有點不大一樣。怎麼回事？」

我摸摸她的臉頰，「蘇西，今晚留下來陪我。」

「我以為你永遠也不會這樣要求我。我帶了我的牙刷來。」

第二天早上，我翻身去聞蘇西的亂髮，像夏日的麥稈一樣香，我感覺枕頭上有她柔和的呼吸氣息，「我應該覺得很棒才對。」我心想，可是我的心情卻如窗外的濃霧一般灰暗。

接下來幾天，我和蘇西常常黏在一起，我想我並不是個很好的伴侶，不過蘇西蓬勃的朝氣足以支持我們兩人。

不知怎地，我一直沒跟她提蘇格拉底的事。他屬於另一個世界，而她在那個世界中並無一席之地。我自己都搞不清楚發生在我身上的事，她又怎能明白？

期末考到了又結束，我考得很好，卻不怎麼在乎。蘇西回家過春假，我很高興又能獨處。春假很快過去，暖風吹過柏克萊髒亂的街道。我知道時候已到，該回去戰士的世界，回到那怪異的小加油站。這一回我說不定會表現得比以往更開放、謙卑。然而眼前我更加肯定一件事：如果蘇格拉底再以他鋒利的機智打擊我，我將立刻還以顏色。

「這就是重點。你無法回答，而且永遠也答不出來。沒有人知道答案。你不知道宇宙在哪裡，因此也不知道你在哪裡。事實上，沒有一件東西你知道它在哪裡，它到底是什麼，你也不知道它是怎麼成形的。生命就是個謎。」

「我的無知是建立在這個了解上，而你的了解則建立在無知上。所以，我是個幽默的笨蛋，而你是個嚴肅的傻瓜。」

第一部

風的改變

1 魔法乍現

那天傍晚，我練完體操、吃完晚飯便睡著了，醒來時，已近午夜。我穿過初春夜裡冷冽的空氣，慢慢踱向加油站。我走在校園小徑上，身後颳起一股微風，好像在推著我一路前行。

快到熟悉的十字路口時，我放緩腳步。這時天空已下起毛毛細雨，顯得更加寒冷，溫暖明亮的燈光自辦公室流洩而出。透過濛著白霧的窗子，我看得到蘇格拉底的身影正就著馬克杯在喝著什麼。我又是期待，又是害怕，兩種心情混雜在一起，擠壓著我的肺部，使我心跳加速。

我低頭看著地上，穿過馬路，走近辦公室的門。風颳著我的後頸，我突然感到一陣寒意，隨即抬起頭來，卻見蘇格拉底站在門口凝視著我，像匹狼似的東嗅西聞。他似乎看穿了我，有關死神的回憶又浮現腦海，我知道眼前這男人內在很溫暖、很慈悲，可是我意識到在那雙黑色的眼睛後面，潛藏著某種強烈且不明的危險。

他以溫和的語氣說：「你回來了，很好。」我的恐懼霎時煙消雲散。他揮揮手，迎我進辦公室，我脫好鞋，才剛就座，加油站的服務鈴就響了。我拭去窗上的霧氣看出去，見到一輛老普利茅斯車慢吞吞開過來，有只輪胎已經沒氣了。蘇格拉底早已披著軍用連帽雨衣走到門外。我注視著他，有那麼一時半刻心裡直納悶，他怎會有可能嚇到我呀？！

雨雲使夜色更加昏暗，我夢中驚鴻一瞥的黑衣死神影像又回到我的腦海；啪嗒啪嗒輕輕落在屋頂的雨聲，這時聽來也像是瘦骨嶙峋的手指頭正在死命敲打屋頂。我坐立不安，因為白天在體育館裡激烈運動而感到有點疲倦，下個禮拜就要舉行體操聯盟錦標賽了，今天是賽前最後一天的苦練。

蘇格拉底打開辦公室的門，站在敞開的門口說：「出來，現在。」他話一說完就走開，我站起來穿鞋，透過霧氣看出去，蘇格拉底站在加油機檯再過去一點的地方，剛好是加油站的燈光範圍之外。他的身子有一半籠罩在黑暗中，看起來像是穿著黑色斗篷。

辦公室這會兒好似堡壘，抵抗著黑夜，抵抗著外面的世界，而這世界就像城市鬧區的交通噪音，正要開始折磨我的神經。我才不要出去咧。蘇格拉底在黑暗中再次對我招手示意，我只好又一次向命運屈服，走了出去。

我戒慎小心走向他，他說：「聽好，你感覺得到嗎？」

「什麼？」

「感覺就對了！」

就在這時，雨停了，風似乎也變了方向，很奇怪，一陣暖風吹過，「蘇格拉底，是風嗎？」

「對，就是風，風正在改變，這表示你面臨著轉捩點，就是現在。你或許還沒有領悟到，老實說，我也沒有。不過，今晚對你來講的確是關鍵時刻，你離開，但是又回來了，而這會兒風正在改變。」他瞧著我半晌，然後大步走回屋裡。

我隨他回屋，坐在老地方，也就是沙發上。蘇格拉底靜靜坐在柔軟的褐色椅子上，文風不動，眼睛緊盯著我。他開口說話，那聲音強得足以穿透牆壁，又弱得能被三月的風吹跑，他宣佈：「我現在必須做一件事，別害怕。」

他站起來。

「蘇格拉底，你快嚇死我了！」我氣得都結巴了。他像梭巡獵物的老虎一般，緩緩走向我，我溜回沙發上。

他望著窗外一會兒，查看是否有閒雜人等，然後屈膝蹲在我跟前，輕聲說：「丹，記不記得我告訴過你，我們得努力改變你的心，你才能看清楚戰士之道？」

「記得，可是我真的不認為……」

「別害怕。」他又說一遍：「用孔子說的一句話來安慰你自己，」他含笑道：「『唯上智與下愚不移。』」說完，他伸出雙手，溫和但堅定地放在我兩邊太陽穴上。

起先，並沒有發生什麼事情，緊接著下來，我突然覺得腦袋正中央有一股越來越強的壓力逐漸擴張。我耳鳴得厲害，接著又出現一種像是海浪拍岸的聲音。我聽見鈴聲響起，覺得頭好像快爆炸了。就在這時，我看見亮光，內心霎時漲滿了明亮的光芒，我內在有什麼正要消逝——我很確定——而另一種莫名的什麼，則正在誕生！然後，亮光籠罩了一切。

我發現自己躺回到沙發上，蘇格拉底正餵我喝茶，輕輕搖晃著我的身體。

「我怎麼了？」

「這樣說吧，我處理了一下你的能量，打開了幾條新的脈絡。那些煙火不過是你的頭腦因為受到能量的洗禮所感受到的欣喜。結論是，你這一生已經對知識的幻象免疫了。從今以後，一般的知識恐怕再也不能滿足你。」

「我不懂。」

「你會懂的。」他正色說。

我非常疲倦，我們默默喝著茶。然後，我起身告辭，穿上毛衣，夢遊似的走回家。

第二天，我的課滿堂，教授們喋喋不休，那些話在我聽來卻毫無意義，半點啟發性也沒有。在歷史課上，華生教授大談邱吉爾的政治直覺是如何影響到戰爭，我不再記筆記，忙著吸收教室裡的色彩和質地，感覺周遭眾人的能量。教授的聲音遠比透過聲音所傳達的觀念有意思。蘇格拉底，你對我做了什麼？我的期末考鐵定要當掉了。

我走出教室，入神觀察地毯的質料，這時聽見一個熟悉的聲音。

「嗨，丹尼！好幾天沒見到你了，我每晚都打電話給你，你都不在家，你躲哪去了？」

「哦，嗨，蘇西，真高興又見到妳。我一直在……用功。」她的話語在空中飛舞，我簡直聽不大懂，可是我感受得到她的感覺——傷心，夾雜著一點憂慮。然而她神色自若，依舊笑容可掬。

「蘇西，我很想跟妳多聊一下，可是我正要去體育館。」

「哎呀，我忘了。」我感覺得到她的失望，「好吧，」她說，「不過，我們不久就會再碰面，對吧？」

「當然。」

「嘿，」她說：「華生講課很精彩吧？我好愛聽有關邱吉爾的事蹟，很有意思，不是嗎？」

「呃，對，很精彩。」

「嗯，那麼再見了，丹尼。」

「再見。」我轉身，記起蘇格拉底提到過我的「靦腆和恐懼」，他說不定講對了，我和人相處時並不真的那麼自在，我從來就不確定自己要說什麼。然而那天下午在體育館，我確實知道自己要做什麼。我重新活了過來，將全部的能量源源不絕地釋放而出。我肆意玩耍、擺盪、跳躍，我是個小丑，是個魔術師，是頭猩猩。我從來沒有表現得那麼好，我的心智清明，覺得做什麼都得心應手，我的身體放鬆、柔軟、敏捷、輕盈。我在翻滾時，發明了一種一周半的後空翻，後面的半周身子一扭，變成滾動的動作。我在高高的單槓上盪呀盪的，然後一扭，做出兩周空翻，這兩種動作在美國都是創舉。

幾天後，體操隊飛到奧勒岡州參加體操聯盟錦標賽。我們贏了，打道回府，衣錦榮歸，可是我卻無法逃避糾纏著我的憂慮心情。

我思考著自從那晚經歷到亮光迸發以來我所遭遇的種種，一如蘇格拉底所預測的，的確是有什麼發生了，但卻很恐怖，我一點也不喜歡。說不定，蘇格拉底表裡不一，說不定他比我以為的更聰明，或更邪惡。

我一踏進明亮的辦公室大門，看到他熱誠的笑容，這些念頭便煙消雲散。我一坐下，蘇格拉底就說：「你準備好進行另一次旅程了嗎？」

「旅程？」我複述。

「對，旅途、旅遊、旅行、度假，一場歷險。」

「不，謝了，我的衣著不適合。」

「胡說八道！」他吼道，聲音之大，使我們倆都不由得四下打量，看看有沒有路人聽到。

「噓！」他高聲地說：「別那麼大聲，你會吵醒大家。」

我趁著他表現出一副和藹可親的樣子，趕緊說：「蘇格拉底，我的生活變得沒有道理了，除了在體操場上以外，我做什麼都不對。你不是應該要幫我改善我的生活嗎？我本來還以為這是為人師者的職責所在呢。」

他開口要講話，但被我打斷：「還有一件事，我一直認為我們必須自己找到自己的人生道路，沒有人可以告訴別人該如何生活。」

蘇格拉底拍了自己的額頭一下，還翻了個白眼，一副認輸了的樣子，「你這個土包子啊，我就是你道路的一部分。要知道，我並沒有從搖籃裡把你搶過來，囚禁在這裡，你隨時都可以想走就走，請便。」他走到門口，打開門。

就在這時，一輛黑色大轎車駛進加油站，蘇格拉底裝出英國口音說：「閣下，您的車備好了。」我一時恍惚，真以為我們要搭這輛車去旅行。我的意思是說，既然有車幹嘛不搭呢？所以，我糊里糊塗地走向轎車，想要爬進後座，卻發現一張滿佈皺紋的臉孔，一個小老頭，摟著一個年約十六的少女，坐在車裡，那女孩大概是他從柏克萊街上把來的。他像隻充滿敵意的蜥蜴，死命瞪著我。

蘇格拉底抓住我後背的毛衣，將我拖出車外。他一面關車門，一面道歉：「請原諒我這位小老弟，他從來沒坐過這麼漂亮的車子，所以一時鬼迷心竅。是不是這樣啊，小余？」

我傻楞楞地點頭，「這是怎麼一回事？」我盡量不動嘴唇，低聲問，但是他已經在洗車窗了。車子開走時，我尷尬得漲紅了臉：「蘇格拉底，你怎麼不攔住我？」

「老實講，挺好玩的，我沒想到你那麼容易就上當。」

我們站在那裡，在夜色之中，瞪視著對方。蘇格拉底咧嘴而笑，我則咬牙切齒，火氣上升，「我受夠了，我不要再跟在你旁邊演扮笨蛋！」我大叫。

「可是你一直這麼勤勞練習，差一點就要達到完美的境界了。」

我氣得轉身，踢垃圾桶，然後重重跨著大步，往辦公室走去。我回頭大聲問他：「你剛才為什麼叫我小余？」

「小余代表愚蠢的意思。」他說。

「好，去你的。」我邊說，邊跑過他的身旁，要進辦公室，「我們就來進行你的旅程吧，無論你想給我什麼，我都能承受。好，我們要到哪裡？我要到哪裡？」

蘇格拉底深吸一口氣：「丹，這我無法告訴你，至少沒辦法用文字說明。戰士之道大部分都很微妙，未受啟蒙的人是看不見的。我一直藉著讓你看清你自己的內心，讓你知道戰士**有所不為**的是什麼。這一點，你馬上就會明白。」

他領著我到一個以前從來沒注意到的小房間，它藏在修車房的工具架後面，裡頭鋪了張小地毯，還擺著一把笨重的直背椅。這個角落舉目所見盡是一片灰色，我覺得一陣反胃。

「坐下。」他輕聲說。

「你先說明是怎麼回事。」我雙手交叉抱胸。

蘇格拉底嘆了口氣，「**我是戰士，你是匹夫**，現在給你選：你是要坐下來，閉上嘴呢，還是要回到體操場的聚光燈下，忘了你曾經認識我？」

「你是在開玩笑的吧？」

「不是。」

我猶豫了一會兒，然後坐下。

蘇格拉底伸手開抽屜，拿出幾條長長的棉布，開始把我綁在椅子上。

「你想怎樣，拷打我嗎？」我半開玩笑地問。

「不是，現在請安靜。」他邊說邊把最後一條棉布綁縛在我的腰際和椅背，好像綁飛機安全帶一樣。

「蘇格拉底，我們要飛行嗎？」我緊張地問。

「對，可以這麼說。」他說，屈膝半蹲半跪在我跟前，雙手捧住我的腦袋，姆指壓在我的眼窩上方。我的牙齒打顫，內急得要命，然而就在一剎那間，我忘了一切。五彩燈光閃爍，我覺得自己聽到他的聲音，卻聽不清楚，那聲音太遙遠了。

我們走在彌漫著藍霧的走廊上，我的雙腿在移動，卻沒有著地，四周皆是巨大的參天古木，它們變成樓房，樓房又變成巨石，我們爬上一個陡峭的峽谷，峽谷變成峭壁的邊緣。霧散了，空氣凝結，青色的雲在我們腳下綿延好幾哩，一路伸展至地平線上橘色的天空。我的身體直打哆嗦，我想開口對蘇格拉底說些什麼，發出來的聲音卻含混不清。我顫抖得無法控制，蘇格拉底把一隻手放在我的肚子上，他的手很暖，有種美妙的鎮定作用。我放鬆下來，他緊緊抓住我的臂膀，越抓越緊，接著猛然向前衝，衝出世界的邊緣，拉著我隨他而去。

在毫無預警的情況下，雲層消失了，我們懸掛在室內運動場的屋樑上，像兩隻醉醺醺的蜘蛛，在地板上方顫危危地擺盪。

「哎呀，」蘇格拉底說，「計算有點誤差。」

「搞什麼鬼嘛！」我嚷道，掙扎著想再抓牢一點，我把身體往上奮力一擺，手腳並用抱住橫樑，大口喘氣地躺在上面，心有餘悸。蘇格拉底已經敏捷地在我前方的樑木上坐好，我注意到，以他這一把年紀來說，他的身手真的很靈巧。

「嘿，你看，」我指著下方，「在舉行體操賽！蘇格拉底，你瘋了。」

「我瘋了嗎？」他悶聲笑著，「看看是誰跟我一起坐在這上面。」

「我們要怎麼下去？」

「這還用說嗎？怎麼上來的就怎麼下去。」

「我們是怎麼上來的？」

他搔搔頭：「我也不是很清楚，我本來是希望坐前排座位，我看八成是票賣光了。」

我發出刺耳的笑聲，這整件事太荒謬了。蘇格拉底摀住我的嘴，「噓！」他移開手，這是個錯誤的決定。

「哈哈哈！」我笑得更大聲，他再次摀住我的嘴巴。我平靜下來，卻覺得頭暈眼花，開始痴痴傻笑。

他以嚴厲的語氣低聲對我說：「這是趟真實的旅程，比你平常生活裡的白日夢還要真實，給我專心一點！」

這時，腳底下的情景的確吸引了我的注意，從這個高度往下看，觀眾匯集成五顏六色的點陣，像一幅閃閃發光、波紋起伏的點描畫。我看到體育場的中央有座突起的平台，上面鋪了熟悉的鮮藍色四方形地板運動墊，四周擺著各式各樣的體操設備。我的胃不由得起了反應，咕嚕叫了起來，我感覺到以往在比賽前那種緊張的心情。

蘇格拉底把手探進一只小背包裡（這玩意打哪來的呀？），遞給我一副雙筒望遠鏡，這時有位女選手走到地板上。

我調整望遠鏡，把焦點集中在這位體操選手身上，看出她來自蘇聯。這麼說來，我們此刻正身處一場於某地舉行的國際表演賽。她步向高低槓時，我發覺自己聽得見她在自言自語！「這場地的傳音性一定很棒。」我心想，可是我看到她的嘴唇根本沒有在動。

我把望遠鏡頭迅速移到觀眾席，聽到許多聲音在吼叫，可是觀眾卻只是安靜地坐著。我恍然大悟，不曉得什麼緣故，我正在聽他們內心的聲音！

我把鏡頭轉回到那位女選手，雖然我們語言不通，我卻能夠了解她的思緒：「要堅強……準備好……」我看到她在腦中把整套動作演練了一遍。

接著，我聚焦在觀眾席的一個男人身上，他穿著白運動衫，正以一位東德選手為對象大發春夢。另外有位顯然是教練的男士，全神貫注在即將表演的這位女選手身上。觀眾席間有個女的，也盯著她看，心裡想著：「漂亮的女孩……去年不幸失手……希望她能有很好的表現。」

我注意到我接收到的並不是話語，而是感覺、想法，或安靜、低沉，或清楚且大聲。因此，我能夠「聽懂」俄語、德語，或隨便哪種語言。

我還注意到另一件事。這位蘇聯選手在表演體操動作時，內心很寧靜。她完成動作，回到座位時，心念又動了起來。東德選手在作吊環動作時，還有美國選手在作單槓時，也都是如此。而且，表現最好的選手在成敗關鍵時刻，內心最為寧靜。

有位東德選手在雙槓上倒立、旋轉時，因為噪音而分神，我察覺到他的注意力被引到噪音那裡去，他心想：「那是什麼？……」結果在最後一次空翻倒立時失手。

我像是具有心電感應能力的偷窺者，窺探著觀眾的內心，「我肚子好餓……得去趕十一點的飛機，否則杜塞道夫計畫就泡湯了……我肚子好餓！」然而一旦選手開始表演，觀眾的內心也靜了下來。

我破天荒頭一遭領悟到，我為何如此熱愛體操。它讓我得以暫時脫離吵雜的內心，獲得神聖的喘息機會。在我旋轉擺盪和翻滾時，其他的一切都不重要了。我的身體在活動時，內心因為這寧靜的時刻而得以休憩。

來自觀眾席的內心噪音，好像開得太大聲的音響，越來越令人受不了。我放下望遠鏡，想讓它懸在胸前，可是我忘了繫牢頸間的吊帶，望遠鏡直直向地板上的運動墊和正下方的一位女選手掉下去，我伸手想抓住它，一個不穩，差點也從橫樑上摔下去。

「蘇格拉底！」我低聲驚呼，他卻靜靜坐在那裡。我往下探看損害的狀況，望遠鏡卻不見了。

蘇格拉底咧嘴而笑：「與我同行時，事物運作的規則稍微有點不一樣。」

他消失不見，我則在空中翻滾，不是向下，而是向上。我隱約感覺自己好像一部倒著放映的瘋狂電影中的角色，從懸崖的邊緣倒退而行，下了峽谷，接著走進霧中。

蘇格拉底用濕布擦拭我的臉。我遽然掉落，身子仍被五花大綁在椅子上。

「嗯，」他說：「旅行能增廣見聞，不是嗎？」

「說的有道理。呃，可以鬆開我了吧？」

「還不行。」他回答，手又伸向我的腦袋。

我大聲說：「不要，等一下！」就在這一瞬間，燈光暗了，一陣咆哮的狂風將我捲送到時空洪流中。

我變成了風，卻有眼有耳，眼能觀千里，耳能聽八方。我吹拂過孟加拉灣一帶的印度東岸，掠過一個正忙著幹活的清潔女工。在香港，我在一位販賣上等布料的商人身邊迴旋打轉，這人正在跟顧客高聲討價還價。我從聖保羅的街道上呼嘯而過，吹乾在熱帶驕陽下打排球的德國觀光客身上的汗。

我哪裡都去過，我咆哮橫行過中國和蒙古，穿越蘇聯遼闊、肥沃的土地；我遽然掠過奧地利的山谷和高地草原，切過挪威的峽灣；我在巴黎的畢加勒路把垃圾吹上了天。我一會兒是陣旋風，掃過德州，一會兒又是和風，輕撫過俄亥俄州坎頓的一位少女的秀髮，她正考慮要自殺。

我體驗到各種情緒，聽到每一聲痛苦的呼喊和每一聲哄笑。每一種人性境遇都為我開放，我感覺到這一切，並了解這一切。

世界是心智的居所，心智比任何風都旋轉得更快，心智在尋求解脫——想要從伴隨改變而來的困境，和在生死之間左右兩難的窘況中逃離——因此它尋找目的、安全感及歡樂，設法了解神祕。在每個地方，在每個人身體裡面，都住著迷惑的心智，正在作痛苦的追尋。現實永遠無法和他們的夢想相契合；幸福就在轉角處，他們卻從來沒有走到過那個角落。

而之所以會這樣的始作俑者，正就是人們的心智。

蘇格拉底解開綁在我身上的布條，陽光穿過修車房的窗戶照進我的眼中——這雙眼睛已看過無數事物——使我的眼睛噙滿淚水。

蘇格拉底扶我走進辦公室，我在沙發上躺下，渾身顫抖，我體會到自己再也不是那個幼稚、自大的年輕人，幾分鐘、幾小時或幾天前，還曾坐在灰色的椅子上嚇得直發抖。我感覺自己十分衰老，我已見識到這世界的苦難、人類心智的狀態，我感到一股撫慰不了的哀傷，幾乎要哭出來。我無處可逃。

相反的，蘇格拉底卻挺快活的：「好吧，現在再也沒有時間玩遊戲了，我快下班了。小夥子，你何不慢慢走回家，睡個覺？」

我站起來，沙發咯吱作響。我穿外套，卻把左手套進右手的袖子。我好不容易脫下外套，有氣無力地問：「蘇格拉底，你為什麼把我綁起來？」

「我看哪，不管你再怎麼虛弱，都還是有力氣問問題。我把你綁起來，這樣你到處衝來撞去表演小飛俠時，才不會從椅子上掉下來。」

「我真的飛了嗎？感覺好像真的是這樣。」我又一屁股坐回沙發上。

「姑且這麼說吧，那是想像中的飛行。」

「你是不是把我催眠了，還是諸如此類的？」

「不是你指的那種方式，絕對不比你平日所處的催眠狀態嚴重，其實你一直被自己迷亂的心智所催眠。」他大笑著，拿起他的背包（我曾在哪兒看過它？），準備離開。「就讓你開心一下，解解你的迷惑。這世上有許多現實是平行存在的，我不過帶你進入了其中一個。」

「你怎麼辦到的？」

「有點複雜，下次再講吧。」蘇格拉底打個呵欠，像貓咪一樣的伸個懶腰。我踉踉蹌蹌走出門，聽到身後傳來蘇格拉底的聲音：「好好睡，醒來的時候會有小小的驚喜喔。」

「拜託，不要再有什麼驚喜了。」我喃喃說，在恍惚中走回家。我依稀記得自己倒在床上，接下來便是一片黑暗。

藍色五斗櫃上的發條鐘滴滴答答大聲走著，把我吵醒。可是我並沒有發條鐘，沒有藍色五斗櫃，也沒有這會兒正凌亂堆在我腳邊的厚棉被。然後我注意到，這腳也不是我的，太小了，我心想。接著，陽光穿透陌生的方形窗，傾瀉而入。

我是誰？這裡是什麼地方？快速褪色的回憶湧上心頭，又迅即消失。

我的小腳丫踢開被子，跳下床，這時響起媽媽的喊聲：「丹尼呀，小乖乖，該起床囉。」一時間是一九五二年二月二十二日，我六歲生日那天。我讓睡衣掉落地上，一腳將它踢到床底下，然後穿著「獨行俠」內衣跑下樓。再過幾個鐘頭，我的朋友就要帶著禮物來了，我們要吃蛋糕、冰淇淋，開心得不得了。

當所有的慶生會裝飾品都清好，大家全部回家以後，我無精打采地玩著新玩具。我覺得無聊、疲憊，肚子又痛。我閉上眼睛，飄飄然進入夢鄉。

我看到每天都這樣一成不變地度過：上學五天、然後是週末，上學、週末，夏季、秋季、冬季和春季。

好幾年過去，沒有多久，我成為洛杉磯的高中體操高手，待在體育館的時刻叫人興奮，體育館外的生活卻讓人失望。我僅有少數歡樂的時刻：在彈簧床上跳躍的時候，或是在我的「勇者」汽車後座和菲莉絲依偎相擁的時候。菲莉絲是我第一位女友，曲線玲瓏。

有一天，傅雷教練從加州柏克萊打電話給我，說要提供我大學獎學金。我迫不及待要前往海岸，展開新生活。然而，菲莉絲並沒有像我那麼開心雀躍，我們開始為我即將離開的事起了爭執，終而分手。我心裡很難過，但我的大學計畫安慰了我。我很確定，不久以後，我的人生就要真正開始。

大學時光匆匆流逝，我是體操場上的常勝軍，在其他方面卻乏善可陳。大學四年級時，就在奧運代表隊選拔賽前，我和蘇西結婚。我們住在柏克萊，好方便我隨隊受訓，我忙得不可開交，甚至挪不出時間或精力給我的新婚妻子。

最後的選拔賽在洛杉磯加州大學舉行，分數出籠時，我喜不自勝，我入選了！但是我在奧運的表現不如預期，我回到家鄉，逐漸默默無聞。

我的兒子誕生了，我開始感受到越來越重的責任和壓力。我找了一份賣保險的工作，它占去我大部分時間，無論日夜。我似乎總是沒空陪家人，不到一年，蘇西和我分居，最後她聲請離婚。嶄新的開始，我暗自傷心地想著。

有一天，當我在照鏡子時，頓時發覺四十年光陰已經過去，我老了。我的人生都到哪兒去了？我靠著精神科醫生的協助，戒除酒癮。我有過金錢、房子和女人，如今卻孑然一身。我很寂寞。

深夜，我躺在床上，心裡納悶，兒子如今在哪呢？我已有好久沒見到他了。我心想，蘇西還有那些曾與我共享昔日美好時光的朋友們，不知現在過得怎樣。

眼下，我坐在我最喜歡的搖椅上，啜飲著酒，看著電視，回憶往事，就這樣度過每一天。我看著孩子們在門外玩耍，想著，我這一生算是過得不錯吧。我得到過所有嚮往的一切，但我為什麼悶悶不樂呢？

有一天，有個在草地上嬉戲的孩子爬上我的門廊。一個友善的小男孩，一臉的微笑，他問我年紀多大。

「我兩百歲了。」我說。

他咯咯笑，「才怪，你才沒有兩百歲。」說著說著兩手插腰。我也笑了，引起一陣咳嗽，以致年輕漂亮又能幹的護士瑪麗不得不請那孩子離開。

等她幫我恢復正常的呼吸以後，我喘著氣說：「瑪麗，請讓我一個人獨處一下好嗎？」

「當然好，米爾曼先生。」我並沒有看著她走開，從好久以前開始，我就不再覺得欣賞婷嫋生姿的倩影是人生一樂。

我獨自坐著，我這一生似乎始終都是一個人。我往後靠坐在搖椅上，呼吸。這是我最後的樂趣。不久以後，這種樂趣也將消失。我無聲痛哭，「可惡！」我心想，「為什麼我的婚姻一定得失敗收場？我本來可以採取什麼不同的作法，我本來可以怎樣去真正過生活……」

我突然感受到一種恐怖又惱人的恐懼，是我這一生中感受過的最可怕的恐懼。有沒有可能是我錯過了某樣很重要的東西，某樣原本可以使一切都不一樣的東西？不，沒有這個可能，我向自己保證。我大聲數出我的各項成就，恐懼卻沒有消失。

我緩緩起身，站在山居的門廊上，俯瞰城鎮，我想不透：我的人生到哪去了？生命究竟所為何來？是不是每個人……？「喔，我的心，它……啊，我的手臂，好痛！」我想大叫，卻無法呼吸。

我渾身發抖，緊緊抓住欄柵，手指關節用力得都泛白。接著我的身體變得冰冷，我的心漸漸僵硬。我倒回椅上，頭向前垂。

痛苦倏地消失，眼前出現我從未看過的亮光，耳邊浮現從未聽過的聲音，影像在我身旁飄來飄去。

「蘇西，是妳嗎？」我心中一個遙遠的聲音說。末了，所有的影像和聲音都化成一個光點，隨即消失不見。

我已找到此生唯一知悉的平靜。

我聽見一位戰士的笑聲，我驚坐而起，歲月又湧回到我身上。我在自己的床上，在加州柏克萊的公寓裡。我還在上大學，我的鐘顯示現在是晚上六點二十五分，我睡過頭了，課沒上，也沒去練體操。

我跳下床，照照鏡子，摸摸仍然年輕的臉孔，鬆了口氣，不禁打了個哆嗦。那只是夢——一場呈現了一生的夢，蘇格拉底所說的「小小的驚喜」。

我坐在公寓裡，凝視窗外，心頭亂紛紛。這個夢栩栩如生，事實上，往事的部分完全準確，甚至連我遺忘已久的細節都正確無誤。蘇格拉底對我說過，這些旅程是真實的，那麼這次夢中的旅程也預言了我的未來嗎？

我匆匆趕到加油站，在蘇格拉底到達時和他碰面。等他走進來，白天班的服務員一離開，我馬上問道：「好，蘇格拉底，究竟是發生了什麼事？」

「這你比我更清楚。謝天謝地，那是你的一生，而不是我的。」

「蘇格拉底，拜託你，」我朝他伸出手，「我的一生會像那樣嗎？如果真的是那樣，我看不出來這種人生有哪裡值得活下去。」

他很慢、很輕柔地開口講話，每次當他要我特別留心他所講的話時，就會這樣。「對於過去，我們有不同的詮釋，並且，也有不少能改變現況的方法。同樣的，我們有很多種可能的未來，你所夢見的是最可能發生的那一種——要是你沒有認識我，就一定會走向這個未來。」

「你的意思是說，假如我那晚經過加油站時，決定過其門而不入，我的未來就會像這場夢？」

「非常有可能，直到現在還是有這個可能。不過，你能夠選擇改變你的現況，你可以改變你的未來。」

蘇格拉底替我們倆泡了茶，把他的馬克杯輕輕放在我的旁邊，動作優雅、不慌不忙。

「蘇格拉底，」我說：「我不知道該怎麼去想這件事。我這幾個月來的生活就像一本不合常理的小說，你懂我的意思嗎？有時候，我巴不得能回到正常的生活。在這裡與你一起共度的神祕生活、這些夢和旅程在在令我吃不消。」

蘇格拉底深深吸了一口氣，有什麼很重要的事即將發生了，「丹，等你慢慢準備好時，我會加重對你的要求。我向你保證，你會想要脫離你所知道的生活，選擇看來更吸引人、更舒適、更『正常』的別種生活。不過，眼前真要這麼做的話，會鑄成大錯，嚴重性會遠遠超乎你的想像。」

「但是從你呈現給我看的事物中，我確實看見了真意。」

「也許是這樣沒錯，不過你仍然具有善於自我欺騙的驚人能力，所以，這就是為什麼你需要夢見自己的人生。當你情不自禁，想要逃開，去追尋你的幻想時，請別忘了你的夢境。」

「蘇格拉底，別替為我擔心，我應付得了。」

要是我當時已經知道接下來將發生什麼事，我會閉上我的嘴。

世界是心智的居所，心智比任何風都旋轉得更快，心智在尋求解脫——想要從伴隨改變而來的困境，和在生死之間左右兩難的窘況中逃離——因此它尋找目的、安全感及歡樂，設法了解神祕。在每個地方，在每個人身體裡面，都住著迷惑的心智，正在作痛苦的追尋。現實永遠無法和他們的夢想相契合；幸福就在轉角處，他們卻從來沒有走到過那個角落。而之所以會這樣的始作俑者，正就是人們的心智。

2 幻象之網

三月的風和煦輕柔，五顏六色的春花把芬芳的香氣散布到空中，連在淋浴間裡都聞得到。我作完了激烈的體操練習後，在淋浴間裡沖掉滿身的臭汗和痠痛。

我俐落地穿好衣服，跑下哈蒙體育館的後台階，欣賞愛德華球場上方的天空在夕陽餘暉中漸漸轉為橘紅。清冷的空氣令我神清氣爽，整個人很放鬆，心平氣和，我漫步到市中心買了乳酪漢堡，然後前往加州大學戲院。今晚要放映電影《第三集中營》，敘述英、美戰俘英勇逃亡的事蹟。

看完電影，我沿著大學街朝著校園方向慢跑，接著左轉向北，朝夏圖克路前進，在蘇格拉底上班後不久，抵達加油站。這天晚上生意很好，我一直幫忙到午夜過後。我們走進辦公室，洗了手，接著，大出我意料之外，他作起中國菜，並展開新一階段的教學。

事情是從我跟他講起電影時開始的。

「聽來像部蠻刺激的電影，」他說，打開一包他帶來的新鮮蔬菜，「同時也是一部切題的電影。」

「哦？這話怎麼說？」

「丹，你呢，也需要逃亡。你是被自己的幻象所囚禁的俘虜，你對自己和這個世界懷有幻覺。你需要擁有比任何一位電影中的英雄更強大的勇氣和力量，才能掙脫幻象，獲得自由。」

我那天晚上心情好極了，根本沒把蘇格拉底的話當真，「我不覺得自己被囚禁了，你把我綁在椅子上的那次是例外啦。」

他開始洗菜，水嘩啦嘩啦地流，他說：「你看不見自己的囚籠，因為柵欄是無形的。我工作的一部分就是要指出你的困境，而我希望那會是你這一生最幻滅的經驗。」

「哦，老兄，多謝了。」我說，很驚訝他竟然幸災樂禍、不懷好意。

「我看你還不大明白。」他拿著一顆蘿蔔指向我，接著把蘿蔔削成一片片，用碗接住。

「幻滅是我能送給你的最大禮物，可是由於你耽溺於幻象，因此認為幻滅這兩個字是負面意義的。你對一位朋友表示同情，說：『喔，那想必是大大的幻滅。』然而你應該跟他一起慶祝才對。**幻滅**的意思，是『脫離幻象』，可是你卻緊緊抓著你的幻象不放。」

「是真相。」我反駁道。

「真相。」他邊說邊把正在切的豆腐推到一旁，「丹，你正在受苦；你根本一點也不享受你的生活。你的娛樂、風流韻事，甚至體操，都只是治標不治本的方法，用來躲避隱藏在你心底的恐懼。」

「等一下，蘇格拉底。」我生氣了，「你是說體操、性，還有電影是不好的嗎？」

「當然不是。可是你並沒有在享受這些事物，你只是上了癮，無法自拔。你用它們來規避你混亂的內在生活，也就是你稱之為心智的那一大堆懊悔、渴望和幻想。」

「蘇格拉底，等等，這些都不是事實。」

「是，它們是事實沒錯，如假包換──雖然你還沒有看出來。你積習難改，老在追求成就跟娛樂，從而避開使你痛苦的主要本源。」他沉吟半晌，「你不是真的很想聽到我這麼講，對吧？」

「我是不大想聽，而且我覺得並不適用於我。能不能講點其他比較樂觀進取的？」我問。

「沒問題。」他說著，拿起蔬菜又切了起來，「事實是，你的生活會很美妙，你根本沒有在受苦，你不再需要我，你已經是個戰士。這些聽起來怎麼樣？」

「好多了！」我大笑，但是心裡明白這並非事實，「事實說不定存在於兩者之間，你覺得呢？」

蘇格拉底眼睛照樣看著蔬菜，說：「依我的看法，你的『兩者之間』是地獄。」

我氣得說：「難不成我是個大笨蛋，還是說你對精神障礙者特別有一套？」

「這麼講也行。」他微笑著，把麻油倒進炒菜鍋裡，放在電爐上加熱，「但是幾乎全人類都和你有同樣的困境。」

「那又是什麼樣的困境？」

「我以為我已經說明了。」他耐心地說，「你如果得不到想要的東西，就會受苦；得到不想要的東西，也會受苦；就連得到你正好想要的東西，仍然會受苦，因為你無法永遠擁有它。你的心智就是你的困境。它想要免於改變，免於痛苦，免於生與死的必然性。然而，改變是一項法則，再怎麼假裝，都不能改變這個事實。」

「蘇格拉底，你知道嗎？你可真擅長潑別人冷水。我甚至都不再覺得肚子餓了，如果說生命就是苦難，除此之外什麼也不是，那我何必活呢？」

「生命並不是苦難，我只是說，你會因它而苦，而非因它而樂——除非你掙脫內心的執念，不論發生什麼事，只管自由自在、御風前行。」

蘇格拉底把蔬菜和豆腐丟到滋滋作響的油鍋中翻炒著。整個辦公室香味四溢，他把清脆的蔬菜分進兩個盤子裡，放在舊書桌上，那就算是我們的餐桌了。

「我想我的胃口又回來了。」我說。

蘇格拉底大笑，用筷子小口小口挾著菜，默默吃飯。我囫圇吞下菜餚，前後不過三十秒左右，我想我是真的餓壞了。我一面等著蘇格拉底用完餐，一面問他：「那麼，心智有什麼正面用途？」

他從盤子上抬起頭，「沒有！」說完，又從容不迫吃了起來。

「沒有？蘇格拉底，這太荒唐了。那麼由心智所創造出來的東西呢？你又怎麼說？書籍、圖書館、藝術呢？在我們的社會裡，透過傑出的心智所發展的一切進步，又該怎麼說呢？」

他咧嘴而笑，放下筷子，說：「並沒有所謂傑出的心智。」然後端著盤子到水槽邊。

「蘇格拉底，別再講這些不負責任的話了，請好好解釋清楚！」

他走出浴室，手上高捧著兩個亮晶晶的盤子，「我最好幫你把一些字眼重新定義一下。『心智』就跟『愛』一樣，是個靠不住的用語。合適的定義取決於你的意識狀態，這麼說吧：

你有腦，它指揮身體、儲存資訊，並根據那些資訊而運作，我們稱這些腦部的抽象程序為『智力』。我到目前都還沒講到心智，腦子和心智並不相同，腦子是真實的，心智卻不然。

「『心智』是在腦部浮盪的虛幻投影，包含了所有隨機出現、未加控制的思緒，這些思緒從潛意識潺潺湧進知覺狀態當中。意識並非心智，知覺並非心智，專注力並非心智。心智是障礙，是使情況惡化的事物，是人類的一種進化錯誤，是在做造人實驗時產生的原始弱點。心智對我並沒有用處。」

我坐著，不發一語，緩慢地吸氣吐氣。我不知道該說什麼才好，不過，過沒多久，就又有話可說，「我不是很清楚你在說什麼，但是聽來的確蠻像一回事。」

他笑了笑，聳聳肩。

「蘇格拉底，」我接著往下講：「我需不需要割掉我的頭，好革除我的心智啊？」

他含笑說：「這是個好辦法，不過有不良的副作用。腦子可以是一項工具，它能記起電話號碼、解開數學題目或寫詩。它就是以這種方式為身體其他部位工作，好像一具曳引機。不過，如果你怎樣都無法停止去思考數學題目或電話號碼，或者老是不由自主在想一些惱人的思緒或記憶，這時就不是你的腦子在運作，而是你的心智在漫遊。接著，心智就會控制你，曳引機就不聽使喚了。」

「我明白了。」

「你必須觀察你自己，才能了解我說的意思，才會真正的明白。你有個憤怒的思緒像泡泡般浮起，於是你**生氣**了。你所有的情緒都是這樣，它們是針對你所無法控制的思緒而起的反射動作。你的思緒就像一隻野猴子，被蠍子螫到。」

「蘇格拉底，我想……」

「你想得太多了！」

「我只是要告訴你，我真的願意改變，我天生就樂於改變。」

「這個呢，」蘇格拉底說：「正是你最大的幻象之一。你樂於換衣服、髮型、女人、房子和工作，你簡直太樂於改變任何事物，但就是不肯改變你自己。不過，你將會改變。要嘛由我，要不就是由時光來幫助你張開你的眼睛，雖然時光有時並不留情。」他帶著不祥的語氣說，「你就自己選擇吧，不過首先得領悟到一件事：你是個俘虜，然後我們才能策劃你的逃亡。」

說完，他走向書桌，手握鉛筆，開始核對收據，那模樣儼然像是一位忙碌的經理。我清楚感覺到，今晚到此為止，下課了，我很高興。

接下來的兩三天，還有之後的幾個星期，我都告訴自己，我太忙了，沒空去看蘇格拉底。但是他的話始終在我心裡嘎啦作響，我整副心思都是他講的內容。

我開始在一本小記事簿上作筆記，把自己一天所有的思緒都記下來，只有作體操時不記，因為這時我的思緒已經被動作所取代。兩天以後，我得買較大的筆記本，可是才過了一星期，也記滿了。我看到自己竟然有這麼多的思緒時嚇了一大跳，不要說它們大部分還都是負面的。

這個練習讓我比較能覺察到自己內心的噪音。我的思緒以前只是潛意識的背景輕音樂，如今我將音量轉大了。我停止作筆記，思緒依然喧譁。也許蘇格拉底可以幫助我控制音量，我決定今晚去看他。

我在修車房裡找到他，他正在用蒸氣清洗一輛舊雪佛蘭舊汽車的引擎。我正要開口時，有位身材嬌小的黑髮少女出現在門口，就連蘇格拉底也沒聽見她進來，這一點倒是很不尋常。他只比我早半秒鐘看到她，隨即敞開雙臂朝她走去，她以跳舞般的姿勢迎向他，兩人抱在一起，在房間裡相擁旋轉。接下來數分鐘，他們就只是四目交接，彼此凝視，然後蘇格拉底問：「是嗎？」她回答：「是啊。」那真是美妙又詭異的景象。

我沒別的事可做，只好在她每次從我身旁旋轉而過時，盯著她看。她頂多一百五十公分出頭，看來頗結實，可是又流露著優雅、脆弱的氣息。她長長的黑髮往後梳，挽成了髻，露出乾淨、神采煥發的臉龐，而臉上最醒目的是那一雙眼眸，又大又黑。

我打起呵欠，這才總算引起他們的注意。

蘇格拉底說：「丹，這位是喬依。」

「喬依是妳的名字，還是在形容妳的心情很快樂？」我自作聰明地問。

「兩樣都對，」她說：「大部分時候是這樣子沒錯。」她看看蘇格拉底，他點點頭。接著，讓我吃驚的是，她竟然伸手擁抱我。她的手臂輕輕攬住我的腰，溫柔地抱了我一下。我感到一股能量沿著我的脊椎往上湧，隨即產生一種來電的感覺。

喬依明亮的大眼睛瞅著我，臉上露出一抹甜甜的、頑皮的微笑，我卻目光呆滯。「老菩薩一直在折磨你，對吧？」她柔聲說。

「呃，大概吧。」我喃喃回答。

「嗯，不過這番折磨是值得的。這點我很清楚，因為他先找到了我。」

我虛軟到無法開口問明詳情，況且她也已經轉向蘇格拉底，說：「我要走了，我們禮拜六上午十點約在這裡，一起去提爾頓公園野餐怎樣？我會準備午餐，天氣看起來會很好的樣子，可以嗎？」她先看看蘇格拉底，再看看我。我呆呆地點點頭，她悄然無聲飄出門外。

那晚剩餘的時間，我一點忙也沒幫到，老實說，接下來那一星期，我根本就像個無用的傻瓜。好不容易禮拜六總算來臨了，我沒穿襯衫就走到加油站，盼望春天的陽光能把我曬黑，同時希望我強壯結實的體格，能讓喬依刮目相看。

我們搭公車到公園，然後越野健行，松樹、樺樹和榆樹圍繞在我們四周，地上厚厚一層樹葉在我們腳底噼啪作響。我們在向暖陽的綠茵小丘上，打開帶來的食物，我重重往下一躺，臥在毯子上，迫不及待要曬太陽，希望喬依也加入。

毫無預警地，驀然刮起了風，烏雲四攏，我簡直不敢相信。天空開始下雨，起先是飄著毛毛細雨，突然才一眨眼，大雨就傾盆而下。我抓起襯衫，一面穿衣，一面咒罵個不停。蘇格拉底卻只是哈哈大笑。

「你怎麼會覺得這樣很好笑！」我罵道，「我們會變成落湯雞，一個鐘頭以後才會有公車，而且午餐食物也泡湯了，這可是喬依準備的食物，我敢說她可不覺得……」但喬依也在大笑。

「我不是在笑下雨這件事，」蘇格拉底說：「我是在笑你。」他一面哈哈大笑，一面在濕樹葉上打滾。喬依開始竟然唱起〈雨中歡唱〉，還邊唱邊跳。黛比．雷諾和菩薩，這太過份了。[1]

雨來得快，去得也快，突然之間就停了。太陽破雲而出，我們的食物和衣服很快就曬乾了。

「我看哪，我的雨中舞蠻靈的喔。」喬依鞠躬行禮。

我歪躺在地上，喬依坐在我後面，按摩我的肩膀，這時蘇格拉底開口說：「丹，時候到了，你該開始從你的生活經驗當中去學習，而不是抱怨，或耽溺其中。你剛才看到了兩個非常重要的教訓，它們可以說是從天而降的神諭。」我埋頭大嚼食物，努力不去聽他說話。

「首先，」他邊嚼著萵苣邊講：「你的失望和怒火都不是下雨所造成的。」

我嘴巴塞滿了馬鈴薯沙拉，沒辦法開口表示異議。蘇格拉底繼續講下去，手上還拿著片胡蘿蔔，架勢十足地在我面前揮來揮去。

「下雨是完全符合自然法則的現象，你在野餐遭到破壞時『很不高興』，在太陽再度出現時覺得『快樂』，這兩者都是你的思緒的產物，和實際上發生的事情並不相干。比方說，你不是曾經在慶功會上感覺到『不快樂』嗎？因此很顯然的，左右著你心情好壞的本源，是你的心智，而不是別人，更也不是你所在的環境。這就是第一個教訓。」

蘇格拉底嚥下馬鈴薯沙拉，繼續說：「第二個教訓是，我觀察到，你在注意到我一點也沒有不高興時，變得更加生氣。你開始拿自己跟一位戰士對照——對不起，是兩位戰士。」他朝對喬依咧嘴而笑，「丹，你不大喜歡這樣，對吧？這說不定暗示著，有必要改變了。」

我臭著一張臉坐在那兒，反覆思索他這番話。我幾乎沒有察覺到他和喬依突然跑開，不久，又下起毛毛雨。

蘇格拉底和喬依回到毯子上。蘇格拉底開始跳上跳下，模仿我稍早一點的動作，「該死的雨！」他嚷道，「我們的野餐泡湯了！」他用力踩著腳步來來回回，然後在踩到一半時停下來，對我眨眨眼，咧嘴露出頑皮的笑容。接著，他撲向一堆濕樹葉，肚皮朝下趴著，假裝在游泳。喬依唱起歌來，或者笑了起來，我分辨不出那是唱還是在笑。

我也拋開了矜持，開始跟他們一起在濕樹葉堆裡打滾，和喬依玩摔角，我尤其喜歡這一部分，我想她也有同感。我們盡情奔跑、跳舞，直到天色已晚，不得不踏上歸途。喬依像淘氣的

註釋——

1 〈雨中歡唱〉（Singin' in the Rain）為好萊塢經典歌舞片「萬花嬉春」的主題曲，黛比．雷諾（Debbie Reynolds）飾演女主角。

小狗似的蹦蹦跳跳，卻擁有女戰士該有的一切優點。我墜入情網了。

當公車顛簸開下俯瞰海灣、坡度起伏的群山，日落時分的天空變成一片粉紅和金黃。蘇格拉底有點有氣無力地試圖對我扼要說明那兩個教訓，我則竭盡所能地不理會他，光顧著蜷縮在後座，和喬依依偎在一起。

「嗯哼，請注意。」他說。他伸出手，用兩根指頭捏著我的鼻子，把我的臉轉向他。

「倪相綽什模？」我問。蘇格拉底捏住我的鼻子，那時喬依正附在我耳邊低語。「我情元聽她的，也不腰聽你的。」我說。

「她只會帶著你尋歡作樂。」他咧嘴而笑，放開我的鼻子，「就連一個在慾望中掙扎的小傻瓜也看得出來，他的心智是怎樣製造了他的失望，還有他的——喜悅。」

「雙關得真好。」我說，迷失在喬依的翦翦雙瞳裡。

公車過彎道時，我們都默默坐著，遠望舊金山華燈初上。公車在山腳停靠，喬依迅速起身，下車，蘇格拉底緊隨其後。我也想跟在後面，但是蘇格拉底回頭看我一眼，說：「不行。」就只這兩個字。喬依透過打開的車窗，看著我。

「喬依，我什麼時候能再看到妳？」

「看情況，說不定很快。」她說。

「看什麼情況？」我說，「喬依，等等，別走。司機，我要下車！」可是公車已駛離，喬依和蘇格拉底消失在黑暗中。

星期天，我陷入極度沮喪的情緒中，無法自拔。星期一在課堂上，教授講課的內容，我幾乎一句也沒聽進去。練體操時，我心事重重，沒有一點精力。從那天野餐之後，我就什麼東西也沒吃。我在為星期一晚上的加油站之行做準備，如果再見到喬依，我會勸她跟我一起走，不然就是我跟她一起走。

她果真在那兒。當我走進辦公室時，她正和蘇格拉底一起笑著。我覺得自己像個不速之客，不知道他們是不是在笑我。我走進去，脫下鞋子，坐好。

「嘿，丹，你今天有沒有比星期六那天更聰明？」蘇格拉底說，喬依微笑著，她的微笑傷了我。蘇格拉底又說：「我本來不敢肯定你今晚還會不會來，因為我恐怕講了一些不中聽的話。」他的話像一把鐵槌，一個字一個字地落下，我咬牙切齒。

「丹，試著放鬆一點。」喬依說，我知道她是想幫我，但我卻覺得自己受到他們倆的苛責，毫無招架之力。

「丹，」蘇格拉底繼續講，「看看你自己。如果還是對自己的弱點視而不見，又怎能改正弱點呢？」

我簡直說不出話來。好不容易能開口了，卻因為憤怒和自憐，連聲音都在發抖，「我的確是正在看哪……」我真不想在她面前表現得這麼窩囊。

蘇格拉底漫不經心地說下去：「你不由自主地就臣服於內心的情緒和衝動，這實在是大錯特錯。如果你堅持故我，就會一輩子都是現在這副德性……而我簡直想不出還有比這更糟的命運！」蘇格拉底說完大笑，喬依點頭表示贊同。

「他有時候蠻呆板的，對不對？」她對蘇格拉底說。

我握緊拳頭，盡量控制自己的聲音，「在我聽來，你們倆講的話都不怎麼好笑。」

蘇格拉底往椅背一靠，「你生氣了，想要掩飾，卻掩飾得不怎麼高明。你的怒氣證明了你的幻象有多頑劣。何必捍衛一個連你自己都不相信的自我呢？小傻瓜何時才會長大呀？」

「你才是瘋子！」我聽見自己在高聲叫罵，「沒遇見你之前，我本來過得好好的。你的世界似乎充滿了苦難，但我的世界可沒有。我是很沮喪沒錯，可是只有來這裡見你時才會這樣！」

喬依和蘇格拉底都不發一語，只是點點頭，露出同情和憐憫的表情。天殺的憐憫！「好，你們倆把一切都看得那麼清楚、那麼單純、那麼好玩，我無法了解你們，也不想了解。」

羞愧和紛亂令我眼前一片迷茫，我自覺像個傻瓜，蹣跚走出門，心中暗暗發誓，要從此忘了他，還有她，並忘記自己曾經在一個繁星閃爍的夜晚走進這間加油站。

我的氣憤是假的，我知道。更糟的是，我知道他們也知道。我搞砸了。我覺得自己像個小男孩，在蘇格拉底面前表現得很愚蠢，這我還受得了，但我卻受不了自己在喬依面前丟臉。這下子，我肯定自己永遠失去她了。

我在街上奔跑，不知不覺竟往和家相反的方向衝，最後走進葛洛夫街附近、大學街上的一間酒吧，拚命把自己灌醉。當我總算回到家時，已醉得不省人事，這是值得慶幸的一點。

我絕不能回去。我決定設法重拾幾個月前拋棄的正常生活，第一件事便是趕上功課進度，免得畢不了業。蘇西把她的歷史筆記借給我，有位體操隊友則借我心理學筆記。我通宵趕報告，埋首苦讀。我有很多東西必須努力記起，還有很多必須遺忘。

在體育館，我全力苦練，沒練到筋疲力盡絕不罷休。教練和隊友看到我恢復元氣，起先都很高興，我最要好的兩個練習夥伴瑞克和席德，對我如此大膽無所懼表示驚嘆，開玩笑地說：「丹在找死。」無論什麼動作，我不管三七二十一，先試了再說。他們都以為我勇氣十足，其實我是什麼都不在乎了。我心裡好痛苦，要是受了傷，起碼能為這份痛苦找到理由。

過了一陣子，瑞克和席德不再開我玩笑。

「丹，你的黑眼圈越來越深，你多久沒刮鬍子了？」瑞克問道。

「你看起來，怎麼說呀，實在是太瘦了。」席德說。

「這是我的事，」我沒好氣地說：「不，我的意思是，謝了，我沒事，真的。」

「好吧，反正，偶爾也要多睡一點覺，不然還不到夏天，你就會瘦得只剩皮包骨。」

「嗯，我知道。」我並沒有告訴他們，我並不介意自己消失無蹤。

我把身上僅存的少數脂肪，轉化為軟骨和肌肉。我看起來很結實，活像米開朗基羅的雕像，我的膚色蒼白、半透明，就跟大理石一樣。

我幾乎每晚都去看電影，但是有一幕影像卻始終縈繞在我心底：蘇格拉底或單獨一人，或和喬依結伴坐在加油站裡。有時，我會依稀看見他們倆坐在那兒，嘲笑著我，也許我不過是他們的獵物而已。

我沒有和蘇西或其他女生廝混，所有的性衝動都消耗在訓練中，被汗水沖掉。況且，在凝視過喬依的眸子後，叫我如何再凝視其他人的眼睛呢？有天晚上，我被敲門聲吵醒，聽到門外傳來蘇西靦腆的聲音：「丹尼，你在裡面嗎？丹？」她把字條塞進門下面，我甚至沒有起床看一眼。

生活變成一種折磨，別人的笑聲讓我覺得很刺耳。我幻想蘇格拉底和喬依兩個人像巫師和女巫一樣奸笑著，共謀算計我。我看電影時，銀幕沒有色彩，吃東西時也味同嚼蠟。有一天在課堂上，華金斯教授在分析某一件事對社會的影響，我站起來，聽到自己使勁地喊：「狗屁！」華金斯設法不理會我，可是所有的眼睛，總有五百對吧，都投射在我身上。有觀眾欸，我要讓他們都知道！「狗屁！」我嚷道。不知道是哪幾個人在拍手，還傳來一陣笑聲和竊竊私語。

華金斯本著他一貫冷靜、老成的紳士作風，表示：「麻煩你說明一下好嗎？」

我從座位一路擠出來到走道上，步上講台，突然之間真希望自己刮了鬍子，穿了件乾淨的襯衫。我面對他站好，「這些東西和幸福、和生活有什麼關係？」席間傳來更多掌聲，我看得出來他正仔細打量我，評估我有沒有危險性……然後判定大概是有的。完全正確！我越來越有自信。

「你講的說不定有道理。」他輕聲默認。我在五百人面前受到鼓勵，想要對他們說明一切——我想教導他們，讓大家都明白。我轉向全班同學，開始陳述我在加油站和一個男人聚會的事情，他讓我看到，生活並不是表面上顯現出來的那副情景，還講起有個城鎮的人都發瘋了，唯有山上的國王一人獨醒的故事。起先，台下一片死寂，然後，有幾個人笑了起來。哪裡不對勁了？我又沒講笑話。我繼續講故事，不久笑聲就如一波波的潮水，淹沒了整間講堂。他們難不成都瘋了嗎？還是，是我瘋了？

華金斯小聲對我說了什麼，但我沒有聽到。我繼續語無倫次，他再次放低聲音說：「孩子，我想他們之所以笑，是因為你的褲子拉鍊沒拉上。」我羞憤死了，眼光向下瞄，接著投向眾人。不，別又來了，我不要再做傻瓜了！我不要再當笨蛋了！我哭了起來，笑聲消失。

我跑出課堂，衝過校園，直到再也跑不動。兩個女人從我身旁經過……在我看來，她們像塑膠機器人、社會的寄生蟲。她們以嫌惡的眼光瞪了我一眼，然後走開。

我低頭看看自己髒兮兮的衣服，搞不好有臭味了。我的頭髮蓬亂，未經梳理，也好幾天沒有刮鬍子。我莫名其妙走到學生活動中心，卻記不得自己是怎麼走到那裡，只是一屁股坐進一張黏黏的、鋪了塑膠布的椅子，而且還睡著了。我夢見自己被一把閃亮的劍刺穿，插在木馬上，木馬連接在傾斜的旋轉台上，飛快地轉啊轉的，我則拚命想伸手搆到套環，憂傷的音樂走調了，我聽到樂聲後面傳來駭人的笑聲，我驚醒，覺得頭暈目眩，跌跌撞撞地走回家。

我開始像幽靈一樣般飄來蕩去，混過一堂又一堂課。我的世界從裡到外，從上到下，整個顛倒過來。我設法重返舊有的生活軌道，想藉著用功讀書和苦練體操來激勵我自己，然而一切都不再有感覺。

這一段日子裡，教授們照樣口沫橫飛，大談文藝復興、老鼠的本能和米爾頓的中年生活。我每天在校園的示威活動聲中，走過史鮑爾廣場，穿越靜坐抗議的人群，彷彿置身夢中，沒什麼對我是有意義的。學權並不能給我安慰，迷幻藥也無法撫慰我。我就這麼飄浮遊蕩，如同身處外地的異鄉人，夾在兩個世界當中，歸屬無著。

有天近傍晚時，我坐在校園地勢最低處的紅杉林中，等著天黑，思考最好的自殺方法是什麼。我不再屬於這個塵世。不知何故，我的鞋子不見了，我只穿著一只襪子，雙腳髒兮兮的，還有乾掉的血跡。我並不覺得痛，什麼感覺都沒有。

我決定最後一次去看蘇格拉底，於是拖著腳步走向加油站，在街對面停了下來。他快要替一輛車子完成服務時，有位女士帶著一個年約四歲的小女孩，走進加油站。我想這女的並不認識蘇格拉底，可能只是要問路什麼的。小女孩突然對他伸出手，他抱起小女孩，她雙手環抱著他的脖子。那位女士想把小女孩拉下來，她卻不肯放手。蘇格拉底笑了，和小女孩說了什麼，然後輕輕把她放下來。他單腳屈膝蹲下，擁抱彼此。

這時，我突然悲從中來，哭了起來，身體因為痛苦而顫抖。我轉身，跑了好幾百公尺，然後倒在小徑上。我累得沒有力氣走回家，無法做任何事情，而說不定，反而因此救了我。

我在醫院醒來，手臂上吊著點滴。有人替我刮了鬍子，把我的身子洗乾淨。最起碼，我現在覺得平靜了。第二天下午，我出院，打電話到考爾健康中心。「貝克醫生辦公室，你好。」他的祕書接電話。

「我叫丹．米爾曼，想儘快和貝克醫生約診。」

「好的，米爾曼先生。」她以祕書慣有的明快且帶有職業性友善的嗓音說：「醫生下禮拜二的下午一點有空檔，這個時間可以嗎？」

「有沒有辦法更早？」

「恐怕沒有……」

「小姐，我在下禮拜二以前就自殺了。」

「那可不可以請你今天下午來？」她的聲音含有撫慰的力量，「下午兩點，可以嗎？」

「可以。」

「好的，那麼到時候見了，米爾曼先生。」

貝克醫師又高又胖，左眼周圍有輕微的神經性抽搐。我突然不想跟他談話，該從何說起呢？「嗯，醫生大人，我有位師父名叫蘇格拉底，他會跳到屋頂上。不，不是從屋頂上跳下來，不過我倒是打算這麼做。還有，哦，對了，他帶著我到別的時空旅行，我變成了風，我有一點沮喪，是的，課業還好，我是體操明星，我想自殺。」

我站在那兒：「醫生，謝謝你撥空，我突然心情很好，我只是想知道別人是怎麼生活的。一切都沒有問題。」

他開口，字字斟酌，好講出「正確」的話，不過我逕自走出去，回家睡覺。此時此刻，睡覺似乎是最容易的選擇。

那晚，我步履蹣跚走到加油站，喬依不在那兒。我一方面覺得很失望，我好想再次凝望她的眸子，好想再擁她入懷以及被她擁抱；另一方面，我卻又鬆了口氣，又是一對一的局面了，蘇格拉底和我。

我坐下時，他提也不提我好一陣子沒來的事，僅僅說：「你看來又累又沮喪。」語氣並未帶著一絲同情，我熱淚盈眶。

「對，我很沮喪，我是來告別的，我應該這麼做。我陷在中途，進退兩難，再也受不了，我不想活了。」

「丹，有兩件事你搞錯了。」他走過來和我並肩坐在沙發上，「第一件事，你還沒到中途，離那兒還遠得很，不過你已經快走到隧道的盡頭。至於第二件事嘛，」他邊說，邊把手伸向我的太陽穴，「你不會自殺的。」

我瞪著他，「誰說的？」這時我發覺我們已不在辦公室，而是坐在廉價旅館的房間裡。名符其實，霉味，灰色的薄地毯，兩張狹小的床鋪，還有龜裂的二手貨小鏡子。

「怎麼回事？」這一刻，我的聲音又有了生氣。這些旅程總能振奮我的身體，我感覺到一股能量。

「自殺意圖正在醞釀中，只有你能阻止它。」

「我又還沒有要自殺。」我說。

「傻瓜，不是你，是窗外那個年輕人，在窗台上。他唸南加州大學，叫做唐納，是足球隊員，主修哲學。他現在四年級，而他不想活了。去吧。」蘇格拉底朝著窗子做手勢。

「蘇格拉底，我不行啦。」

「那他就會死。」

我往窗外看，見到在約十五層樓底下，有成群小小身影的民眾在洛杉磯鬧區街上抬頭往上看。我匆匆掃視四周，看到一個穿著咖啡色牛仔褲和運動衫的淺色頭髮青年，站在離我三公尺遠的狹窄窗台上，低頭看著下方，準備往下跳。

我不想驚動他，所以輕聲叫他的名字，他沒聽見，我再叫一次：「唐納。」

他猛抬頭，差點跌下去，「不要靠近我！」他警告說，接著問：「你怎麼知道我名字？」

「唐納，我有位朋友認識你。我可不可以坐在這邊的窗台上，跟你談一談？我不會再靠近的。」

「不，不要再說了。」他看起來精神渙散，聲音單調平板，沒有絲毫活力。

「阿唐，別人都叫你阿唐嗎？」

「對。」他機械性回答。

「好吧，阿唐，命是你自己的。反正，世界上有百分之九十九的人會自殺。」

「你說這鬼話是什麼意思？」他說，有一絲生氣回到聲音裡，他開始比較用力地抓著牆壁。

「嗯，我跟你說，大多數人的生活方式等於在自殺，你知道我的意思吧？他們抽菸、喝酒、壓力過大、暴飲暴食，雖然要花上了三、四十年的時間才會殺死自己，可是照樣是自殺。」

我挪近一、兩公尺，我必須小心斟酌用字。

「我叫做丹，真希望我們能有時間多聊聊，我們說不定有些共通點，我是個運動員，在柏克萊加州大學唸書。」

「嗯……」他停下來，打起哆嗦。

「阿唐，聽我說，我坐在這窗台上，越坐越覺得膽顫心驚，我要站起來，好抓著什麼。」

我緩緩起身，有點發抖。天哪！我心想，我是著了什麼魔，跑到這窗台上來幹嘛啊？

我輕言細語，設法想跟他搭上話，「聽說今晚的日落會很美唷，聖塔安納那兒將吹來暴風雲，你確定不想再看到日落或日出嗎？你確定你永遠不想再去山上健行嗎？」

「我從來沒去過山上。」

「阿唐，那兒的水呀，空氣呀，一切都那麼純淨，松針的香氣四處飄散，也許我們可以一起去爬山，你看怎麼樣？哎呀，你要是想自殺，至少也等看過山以後再自殺也不遲嘛。」

事已至此，我可以說的都說了，現在就看他自己的了。我在勸他時，越說越希望他能活下去。現在，我跟他相距不過一公尺。
「別再過來！」他說，「我想要死……，立刻。」
我放棄了，「好吧。」我說，「那我跟你一起跳去，反正我已經看過該死的山了。」
他頭一回雙眼看著我，「你說真的假的？」
「我是說真的，你先還是我先？」
「可是，」他說，「你為什麼想死呢？這太扯了，你看起來那麼健康，一定有很多值得讓你活下去的東西。」
「聽好，」我說，「我不知你有什麼困擾，不過我的問題比你大多了，你甚至無法理解我的問題。我話說完了。」
我往下看，事情很好辦，只管把身子向前傾，讓地心引力完成其他的事就成了。這一回，我終於能證明蘇格拉底這自鳴得意的老頭子錯了。我可以笑著往下跳，一路嚷道：「老混帳，你錯啦！」直到我跌個粉身碎骨，肝膽俱裂，從此再也看不到日出。
「等等！」阿唐朝我伸出手，我猶疑了一下，然後握住他的手。我凝視他的眼睛，他的臉孔開始產生變化，變狹長了，頭髮顏色則變深，身體也變得比較瘦小——我站在那兒，看著我自己——接著鏡像消失，剩我一個人。

我大吃一驚，往後退一步，然後滑了一跤，跌落下去，一再翻滾。我的心靈之眼看到那個穿著披風的恐怖幽靈，正在下面等著我。我聽見蘇格拉底在上面某個地方喊著，「十樓，女性內衣、床單；八樓，家居用品、照相機……。」

我躺在辦公室的沙發上，凝視著蘇格拉底溫和的笑容。

「嗯？」他說，「還想自殺嗎？」

「不想了。」然而做了這個決定以後，生命的重量和責任又落回我身上，我告訴他我的感受。蘇格拉底抓著我的肩膀，只說：「丹，堅持下去。」

那晚我臨走前，問他：「喬依人呢？我想再見到她。」

「再等一陣子。她會去找你，說不定再晚一點吧。」

「可是，如果能跟她再聊一聊，事情就會容易多了。」

「誰跟你講過事情會比較容易的？」

「蘇格拉底，」我說：「我非見到她不可！」

「**沒什麼事是非怎樣不可的**，只有一件事例外，那就是，你不能再抱著『我要這個、我要那個』的觀點來看這世界。放輕鬆點！當你失去你的心智時，就會清醒過來。不過，在此之前，我要你繼續觀察，盡可能去觀察你心智的碎片。」

「要是能打電話給她就好了……」

「回去吧。」他說。

接下來幾週，我心智的雜音徹底佔了上風。狂野、雜亂、愚蠢的思緒；自責、焦慮、渴望——全都是雜音。就連在睡覺時，夢中那震耳欲聾的聲響也猛烈攻擊我的耳朵。蘇格拉底自始至終都是對的，我的確身陷囹圄。

直到某個星期二晚上十點，我跑到加油站，衝進辦公室，呻吟道：「蘇格拉底！要是我不能調低這些雜音，我就要瘋啦！我的心智像匹脫韁野馬，一切就像你告訴過我的。」

「很好！」他說，「戰士的首次領悟。」

「如果這就是進步，那我寧可退步。」

「丹，如果你騎上一匹你以為已經被馴服的馬兒，結果卻是匹野馬，會發生什麼事？」

「牠會把你從馬背上摔下來，或踢落你的牙齒。」

「生活呢，會以它自以為好玩的方式，踢落你的牙齒很多次。」

我不能否認，再也不能。

「可是如果你知道那是匹野馬，自然就會以恰當的方法應付牠。」

「蘇格拉底，我想我了解了。」

「你的意思是說，你了解你的想法了？」他含笑著說。

他特別叮嚀，先讓我的「領悟」再穩定下來幾天再說，聽完這番話，我就離開了。我盡力而為。接下來幾個月，我變得越來越有覺察力，但是當我走進辦公室時，卻還是提出同樣的問題：「蘇格拉底，我終於領悟到我的心智噪音有多大，我的馬有多麼野。我該怎麼馴服牠？我該如何降低這些噪音？我到底該怎麼做才好？」

他搔搔頭，「嗯，我想你得培養非常好的幽默感。」他大笑，接著打個呵欠，伸個懶腰。他伸懶腰的方式和大多數人不同，不是雙手向兩側伸展，而是像貓咪那樣，弓起背，我聽見他的脊椎骨喀嗒喀嗒響。

「蘇格拉底，你知不知你伸懶腰時，看起來好像貓。」

「大概是吧。」他不當一回事地回答：「模仿各種動物正面的特性，是很好的練習，同樣的，我們也會模仿某些人類的正面特性。我呢，正好很欣賞貓，貓的動作就像個戰士。」

「而你呢，你模仿的對象是大笨驢。現在時機成熟，你也該開始擴大你的模仿範圍了，你說對不對？」

「對，大概吧。」我以平靜的語氣回答，心裡卻很生氣。剛過午夜我就告辭，提早打道回府，睡了五個小時以後，被鬧鐘叫醒，三步併兩步地跑回加油站。

在那一刻，我暗自下定決心。我再也不要扮演受害者，不要再讓他自以為高人一等。我要當獵人，我要反過來追獵他。

離天亮還有一個鐘頭，到那時他才能下班。我藏身在加油站附近、校園邊邊的矮樹叢中，我要跟蹤他，想辦法找到喬依。

我透過樹葉窺視，觀察他的一舉一動。由於全力警戒，思緒沉靜了下來。我一心一意只想查出他在加油站以外的生活，有關這方面，他始終絕口不提。現在，我要自己去找出答案。

我像隻貓頭鷹似的猛盯著他，我從來沒有留意到他的動作是如此優美，就像一隻貓。他洗窗子的手法乾淨俐落，沒有一絲累贅，把加油管滑進油箱時，也優雅有如藝術家。

蘇格拉底走進修車房，大概是去修車吧。我開始覺得疲倦，不由得闔上了眼，再睜開眼時，天邊已有一絲魚肚白，我想必睡了幾分鐘……，哎呀糟糕，我跟丟他了。

這時，我看到他，正忙著僅剩最後一分鐘的工作。他走出加油站，過街，直直往我坐著的地方走來，我的心一陣收縮。身體僵硬、顫抖又發痛，但我藏得很隱密。我只希望，他今早不會有興致「在樹叢周圍搜尋獵物」。[2]

我退回到樹叢當中，設法保持鎮定。一雙穿著涼鞋的腳輕快滑過，離我暫時的藏身處頂多只有一公尺遠。我幾乎聽不見他輕盈的腳步聲，他走上向右分叉的小路。

我像隻松鼠似的，迅速但小心地沿著小路奔跑，蘇格拉底走路的速度快得驚人，我差一點趕不上他的大步伐，幾乎快跟丟了，然後我看到前方遠處有一頭銀髮走進多氏圖書館。怎麼搞的？我心想，他什麼地方不去，偏要去那裡做什麼呢？我懷著激動的心情，繼續跟蹤。

我走進橡木大門，經過一批早起的學生，他們全都轉過頭來，笑呵呵地看著我。我不理他們，沿著長長的走廊，追蹤我的獵物。我看到他向右轉，然後就不見了。我疾速衝到他消失的地方。不可能搞錯的，他的確走進這道門，裡面是男廁，沒有別的出口。

我不敢進去，仍留在附近的電話亭。十分鐘、二十鐘過去了，難不成我跟丟他了嗎？我的膀胱發出緊急訊號，我必須進去——不只是要找蘇格拉底，而且還要用洗手間。有什麼不行呢？這裡畢竟是我的地盤，不是他的。我要請他說清楚講明白，不過這種狀況的確還蠻尷尬的。

我走進貼著磁磚的洗手間，起初一個人影也沒見到，小解完後，我開始更仔細地搜索。這裡沒有其他的門，他一定還在裡頭。有個傢伙從某一個隔間出來，看到我彎腰查看每個隔間的下方，蹙著眉頭，匆匆走出門外，邊走邊搖頭。

我繼續手上的正事。我低頭迅速看了下一個隔間的下方，起先見到穿著涼鞋的腳背，接著蘇格拉底的臉突然出現在我的眼前，上下顛倒，歪嘴而笑。他顯然是背對著門，身體向前彎，頭擺在兩膝之間。

我大吃一驚，踉蹌向後退，腦子裡一片茫然。我沒有正當的理由可以解釋，自己為什麼會在洗手間裡舉止怪異。

蘇格拉底打開門，以花俏的手勢沖了馬桶，「唉唷，一個人被菜鳥戰士追蹤，可是會得便秘的！」他的笑聲迴盪在貼磁磚的洗手間內，我滿臉通紅，他又整了我一次！我又變成大笨驢，簡直要覺得自己的耳朵跟著變長了。我又憤怒又羞愧，身體直發抖。

註釋——

2 beating around the bush，亦可譯為「拐彎抹角」。

我感覺得到自己滿臉通紅，我照鏡子，看到頭髮上竟整整齊齊地綁著條神氣活現的黃色緞帶。難怪：我穿過校園時，別人莫名露出微笑，發出笑聲的原因，以及剛才在洗手間的那個人，為何對我拋以詫異的眼光。想必蘇格拉底趁我在樹叢裡打瞌睡時，把它綁在我頭上。一陣倦意突然湧來，我轉身，走出門。

門就要關上時，我聽見蘇格拉底以憐憫的語氣說：「這不過是要提醒你，誰是師父，誰是徒弟。」

那天下午，我像拚命三郎似的卯勁練習，我不跟人說話，別人也很識相，沒跟我說話。我生著悶氣，立誓要竭盡所能，讓蘇格拉底承認我是一位戰士。

我快離開時，一位隊友攔住我，交給我一封信，「有人把這個留在教練辦公室，收信人是你。丹，是不是你的粉絲啊？」

「不知道。賀柏，謝了。」

我走出門，撕開信封，一張白紙上寫著：「怒氣比恐懼更有力，比哀傷更有力。你的心靈正在成長，你已準備好要接受劍了。蘇格拉底字。」

「丹，你呢，也需要逃亡。你是被自己的幻象所囚禁的俘虜，你對自己和這個世界懷有幻覺。你需要擁有比任何一位電影中的英雄更強大的勇氣和力量，才能掙脫幻象，獲得自由。」

3

掙脫束縛

第二天早上，海灣外大霧彌漫，遮蔽了夏日陽光，天氣也變涼了。我很晚才起床，泡了茶，吃了顆蘋果，拉出我的小電視機，然後倒了些餅乾到碗裡。我把頻道轉到一齣連續劇，一頭栽入別人的難題中。我看著電視，被劇情迷住，伸手要再拿塊餅乾，卻發現碗空了。難不成我已經把餅乾吃個精光了？

當天上午稍後，我繞著愛德華球場跑步，在那兒遇見杜威，他在柏克萊山上的勞倫斯科學館工作。我因為頭一回「沒聽清楚」，必須再請教他的大名一次。這不啻又提醒我一件事：我欠缺專注力，而且心思遊移不定。我們跑了幾圈以後，杜威說，天空蔚藍無雲，我卻光顧著想心事，根本沒注意到天空。接著他往山上跑去，他是馬拉松選手，我則打道回府，滿腦子都在思考我的心智。天底下要是有「自找罪受」的這種舉動，這就是一件了。

我觀察到，在體育館時，我的注意力集中貫注於我的每一個動作，可是一停止運動，我的思緒便又遮蔽我的洞察力。那晚，我提早到加油站，希望在蘇格拉底一來上班時，就能跟他打個招呼。這會兒，我已竭盡所能地盡量忘掉昨天在圖書館的事，並準備好聆聽蘇格拉底所能建議的任何對策，以遏止我那過動的心智。

我耐心等待。午夜來臨，過了不久，蘇格拉底也來了。

我們才剛進辦公室，我就打起噴嚏，必須擤鼻涕，看來我得了輕微的感冒。蘇格拉底燒水泡茶，而我還是老樣子，一開口便提出問題：

「蘇格拉底，除了培養幽默感以外，我還可以怎樣做，好遏阻我的思緒、我的心智？」

「首先，你得先明白自己的思緒來自何方，是怎麼起頭的。舉個例子，你現在感冒了，生理症狀告訴你，你的身體需要恢復平衡，需要陽光、清新的空氣，還有簡單的食物。同理，充滿緊張壓力的思緒反映出，你和現實發生了衝突，當心智抗拒現實時，緊張壓力就產生了。」

一輛汽車開進加油站，一對穿著正式的老夫婦，中規中矩坐在前座。「跟我來。」蘇格拉底吩咐道。他脫掉防風外套和短袖運動棉衫，打著赤膊，露出精瘦、輪廓分明的肌肉和光滑、白皙的皮膚。

他走到駕駛座旁邊，向愕然的夫妻微微一笑，「請問兩位需要我幫什忙？需不需要為你們的心靈加點汽油？或是上點油，潤滑一下白天的不愉快？要不，換個新電池，給兩位的人生充點電，好不好？」他大剌剌地對他們眨眨眼，淺淺笑著，態度認真，此時車子突然晃動，猛然向前衝，急駛出加油站。他搔搔頭，「說不定他們剛剛才想起來，家裡的水龍頭忘了關。」

我們在辦公室裡放鬆心情，啜飲著茶，蘇格拉底解釋剛才的那一課。「你看到了，那對男女對於在他們看來十分古怪的狀況，產生了抗拒心。他們被自己的價值觀和恐懼所制約，並未學會如何去順應情勢、因應當下，而他們原本可以從我這邊得到今天最精彩的一段時光。」

「丹，當你抗拒眼前發生的事情時，你的心智便開始賽跑；那些襲擊你的思緒，其實是你自己所創造的。」

「而你的心智卻以不同的方式運作，對不對？」

「說對也對，說不對也對。我的心智像沒有波紋的水塘，你的心智則波濤洶湧，因為一有計畫之外、不受歡迎的事情發生，你就會產生分裂感，而且覺得備受威脅。你的心智就像剛被人投進一塊大石頭的水塘。」

我邊聽邊凝視茶杯的深處，突然覺得有人碰觸我的耳朵後面。我的注意力陡地增強，我往杯裡看得更深更深、更沉更沉……

我在水裡，抬頭往上看，這簡直太荒謬了，難道我跌進了我的茶杯裡嗎？我有鰭和鰓，很像一條魚。我擺擺尾巴，直衝到水底，那裡安靜又祥和。

一塊大石頭突然衝破水面而入，震波使我倒退。我的鰭又拍拍水，我游開，尋找安身處，我躲藏起來，直到一切又都沉靜下來。隨著時光推移，我逐漸習慣偶爾掉進水裡、掀起漣漪的小石頭。不過，重重的「噗通」一聲仍會驚嚇到我。

我回到充滿聲音的乾燥世界，躺在沙發上，睜大眼睛往上看，見到蘇格拉底的微笑。

「蘇格拉底，太神了！」

「拜託，別誇張了。你游得不錯，我很高興。現在，我可以繼續講下去了嗎？」他沒等我回答。

「你是條神經緊張的魚，水面一出現大漣漪便逃之夭夭。後來，你漸漸習慣了漣漪，但仍無法洞悉漣漪產生的原因。」他繼續說，「你可以從中看出一件事：置身水中的魚兒如果想把眼光投到水以外的地方，看見漣漪產生的來源，那麼魚的覺察力非得大幅躍進才行。」

「你的覺察力也必須有類似的躍進，一旦你能清楚了解來源，就會看出心智的波紋和你這個人無關；你會不帶情緒，只是注視著波紋，以後一有小石頭掉進來，你再也不會不由自主地過度反應。一旦你不再如此一本正經地看待你的思緒，就可以不受這世界的騷動不安所干擾。記住，碰到困擾時，拋開你的思緒，看穿你的心智！」

「蘇格拉底，那該怎麼做呢？」

「問得好，你從體能的訓練中已學到一件事：覺察力的大躍進並不會一下子就發生，而是需要時間與修練。有個練習可以使你洞悉自己的波紋來源，那就是靜坐。」

他作完這個重大宣佈，說聲失陪，就去上洗手間。現在，該輪到我讓他驚奇一下了。為了讓他隔著洗手間的門也能聽到，我在沙發上大聲嚷道：「蘇格拉底，我比你早了一步，我一個禮拜前就參加了一個靜坐團體，我當時是想說，我也該對我的心智做點什麼了。」我說明，「而我也已經開始更加放鬆，對自己的思緒多少能夠控制，你有沒有注意到我比較沉著了？事實上……」

洗手間的門突然打開，蘇格拉底發出令人血液為之凝結的尖銳叫聲，朝著我衝來，一把閃亮的武士刀高舉過頭！我還來不及移動，武士刀便衝著我揮來，無聲切過空氣，在我的腦袋上方不過幾公分的地方停下。我抬頭看看懸空的刀刃，然後看著蘇格拉底。他咧嘴對我笑了笑。

「搞什麼鬼啊！你嚇得我屁滾尿流！」我喘著氣說。

刀鋒慢慢向上，懸在我的頭頂上方，好像捕捉並增強了房內所有的亮光，直射進我的眼睛，我不由得瞇起眼來。我決定閉上嘴巴。

蘇格拉底屈膝蹲在我跟前，輕輕把武士刀擺在我們倆之間，閉上眼，深吸一口氣，然後靜坐不動。我看著他一會兒，心想，如果我移動身子，這頭「睡虎」會不會醒來，撲向我。十分鐘過去，二十分鐘過去，我想他八成是要我也跟著靜坐，所以就閉上眼，坐了半個小時。等我張開眼睛時，我看到他依舊像一尊菩薩似的，坐在那兒。我開始坐立不安，悄悄起身喝水。當我正把水倒進馬克杯時，他把手放在我的肩頭，我手一震，水濺到鞋子上。

「蘇格拉底，拜託你行行好，不要這樣偷偷摸摸接近我，你難道不能發出一點聲音嗎？」

他微微一笑，開口說：「無聲是戰士的藝術，靜坐是戰士的劍。你有了這把劍，就能切斷你的幻象。不過，有一點你必須明白：劍是否有用，取決於拿劍的人。如果你不知道如何恰當地使用劍，它就會變成危險、騙人或無用的工具。靜坐可以在一開始先幫助你放鬆，你可以展示你的『劍』，自豪地拿給朋友看。這把劍的光芒會使許多靜坐者分神，直到他們終於放棄它，另尋別種密術。」

「相反的，戰士卻以嫻熟的技巧和透徹的理解，來使用靜坐這把劍。他用這把劍，把心智斬成碎片，砍進思緒之中，暴露出思緒那空洞的本質。你或許還記得亞歷山大大帝的故事，他率領大軍橫越沙漠，看見兩條粗繩綁成一大團複雜難解的結。從來沒有人能打開這個結，但亞歷山大毫不遲疑，拔出他的劍，用力一砍，結就斷成了兩半。戰士就該像這樣去使用靜坐之劍，你必須學會以這個方式攻擊你的心智之結，直到有朝一日你超越了這些，再也不需要任何武器。」

就在此時，一輛舊福斯廂型車嘎啦嘎啦地開進加油站，車子新拷了白漆，還有一側漆了一道彩虹。車內坐著六個人，我們走近時，才看出來是兩女四男，全部從頭到腳穿得一身藍。我認出他們是灣區許多新心靈團體之一的成員，這些人自以為是，迴避和我們交談，當我們不在場，活像我們的世俗之氣會污染他們似的。

蘇格拉底當然挺身迎接挑戰，立刻假裝既不良於行，又口齒不清。他不斷在身上這裡那裡搔著癢，十足是鐘樓怪人的德性，「嗨，小余。」他對駕駛說，此人的鬍子是我這一生所看過最長的，「你要汽油還是什麼來著？」

「對，我們要加油。」那男的說，聲音像橄欖油般柔和滑順。

蘇格拉底斜睨後座兩個女人，把頭探進窗裡，一副故作神祕的樣子，同時卻又大聲嚷道：「欸，妳們有沒有在靜坐啊？」他說這話的神情，彷彿像在談某種紓解性慾的獨特方式。

「沒錯，我們靜坐。」駕駛說，聲音流露出宇宙性的優越感，「現在，能不能替我們的車子加油？」

蘇格拉底對我揮揮手，要我加油，他則繼續想方設法惹惱這位駕駛，「嘿，老兄，你知道，你穿成這樣，看來蠻像個娘們似的，別誤會喲，我是說挺漂亮的。還有啊，你幹嘛不刮鬍子？你在那毛茸茸的玩意下面，藏了什麼呀？」

我嚇得縮手縮腳，他卻變本加厲，「嘿，」他對其中一個女的說：「這假娘們是不是妳的男朋友啊？」他對前座另一個男的說：「告訴我，你有沒有做過那件事？還是像我在《國家詢問報》[1]讀到的，存著沒用啊？」

差不多快要見效了。蘇格拉底數著要找給他們的錢，速度慢得叫人受不了，他不斷算錯，

註釋——

1 《國家詢問報》（National Enquirer）是美國發行量甚大的八卦小報。

然後從頭再來。這時我已經快忍俊不住，車裡的人則氣得發抖，駕駛一把抓起找零的錢，以一種很不聖潔的方式，把車開出加油站。車子開走時，蘇格拉底嚷道：「聽說靜坐對你們有好處，要繼續下去啊！」

我們才剛回到辦公室，一輛大型雪佛蘭就駛進加油站。服務鈴響了以後，又傳來音樂喇叭不耐煩的「嗚啊嗚啊」聲，我和蘇格拉底一起出去。

方向盤後坐著一位四十來歲的「小伙子」，穿著一身光燦發亮的緞料衣裳，頭上戴著頂裝飾著羽毛的大獵帽。他極度神經過敏，不斷輕拍著方向盤，他身邊坐著個看不出年紀的女人，正在鼻子上撲著粉，假睫毛在後視鏡中眨動著。

不知怎地，我一看到他們就討厭，這兩人一副蠢相，我真巴不得說：「你們為什麼不表現出你們這把年紀該有的舉止？」但我只是看著他們，等待著。

「嘿，老兄，你們這兒有沒有香菸販賣機？」過動的駕駛問。

蘇格拉底停下手上的活兒，含著笑，和氣地說：「先生，沒有，不過前面再過去一點，有家通宵營業的商店。」說完就回頭檢查油量，全神貫注。然後，他像是給皇帝奉茶一樣，畢恭畢敬地把零錢找給對方。

車子急駛離去後，我們仍待在加油機檯旁邊，嗅聞著夜晚的空氣，「你對待這兩個人很有禮貌，卻對那些穿藍袍的尋道者很無禮，可是他們顯然才是進化水準比較高的人啊。這是什麼道理呀？」

這一回，他給我簡單又直截了當的答案，「你應該關切的，只有一種水準，那就是我的水準，還有你的水準。」他咧嘴笑著說：「這兩個人需要親切以待，那批心靈尋道者則需要別的東西讓他們反省一下。」

「那我需要什麼呢？」我衝口而出。

「更多的修練，」他很快回答：「我用武士刀攻擊你時，你的修練並沒有幫助你保持泰然自若，當我對那些一身藍衣的朋友開些小玩笑時，修練也並沒有幫到他們。

「這樣講吧，體操並不光只有前滾翻的動作，戰士之道也並不侷限於靜坐技巧。倘若你見樹不見林，就可能產生錯誤的想法，終生只練習前滾翻，或者只練習靜坐，那麼修練就只能使你得到片斷的好處而已。」

「你需要的是一張地圖，上面包含你必須探索的整片疆域，接著，你才能領悟靜坐的用處和侷限。我問你，哪裡能拿到好地圖？」

「當然是在加油站。」

「先生，您答對了。請走進辦公室，我剛好有你需要的地圖。」我們笑著走進修車房的門，我噗通一聲，一屁股坐到沙發上，蘇格拉底則無聲無息安坐在他絲絨椅子的厚重扶手之間。

他瞧著我足足有一分鐘之久，看得我渾身發麻，「噢，」我緊張地低聲說：「怎麼了嗎？」

「問題是，」他總算嘆了口氣說：「我無法向你描述那片疆域，至少無法用那麼多……詞句來描述。」他起身朝著我走來，眼睛發亮，吩咐我收拾行李。我要出發旅行去了。

有那麼一剎那，我覺得自己正從太空中某個有利位置，以光速在擴大，像汽球一般膨脹，不斷向存在的最外極限漲大，直到我成為宇宙，再也沒有分野。我已變成萬事萬物，我就是意識，體認到意識的本體；我是那道純淨的光芒，物理學家將之等同於一切物質，詩人則將之定義為愛；我是一，也是全部，讓所有的世界都黯然失色。就在那一片刻，那永恆、不可知的，都在我眼前顯現，呈現出就連筆墨也無法形容但確實存在的不朽。

轉瞬之間，我又恢復成凡人的形態，飄浮在星辰之間。我看到一面心形的三稜鏡，它讓每道銀河相形失色，它使得意識之光繞射，迸發出燦爛的色彩，閃亮的碎片呈現著彩虹的每種色調，擴散到整個宇宙。

我的身軀變成明亮的稜鏡，到處投射一片片五顏六色的細碎光芒。我體會到凡人肉身存在的最高目的就是：變成傳播這種光芒的清澈管道，這樣，它的光亮便可將一切障礙、一切糾結、一切抗拒，皆消散為無形。

我感到這光芒繞射於我整副軀體的裡裡外外、上下左右，這時我明白了，所謂覺察，指的就是人類體驗到這股意識之光。

我明白了專注力的意義，它代表刻意去導引覺察力。我又感覺到我的軀體變成一只空的容器，我凝視我的雙腿，它們充滿著明亮、溫暖的光芒，然後雙腿漸漸消失，變成一片燦爛光華。我又凝視我的雙手，也發生同樣的情形。我把專注力集中在身體各個部位，直到我整個人再度成為光芒。最後，我領悟到當進入真正的靜坐冥想時的所有過程——擴大覺察力，引導專注力，最終臣服於意識之光。

一抹光芒在黑暗中閃爍，我醒過來，蘇格拉底正拿著手電筒，來回照著我的眼睛，「斷電了。」他說著，用手電筒照著自己的臉，露出牙齒，活像萬聖節的南瓜，「嗯，現在你比較清楚了吧？」他問，好像我剛剛獲悉的不過是燈泡的運作原理，而非看到宇宙的靈魂。我幾乎說不出話來。

「蘇格拉底，我欠你的恩情，一輩子都無法償還。現在，我明白一切了，我知道自己必須做什麼，我想我再也不需要和你見面了。」我很哀傷，我已經畢業了，我會懷念他。

他看著我，一臉驚愕的表情，然後哈哈大笑，笑聲之轟轟烈烈，比我以前所見過的都更厲害。他笑得前仰後翻、渾身抖動，眼淚滑下臉龐，最後總算鎮定下來，說明自己笑的原因。

「小伙子，你還沒畢業，你的工作幾乎還沒有開始咧。看看你自己，你和幾個月前踉蹌走來這裡時，根本上來說沒什麼兩樣。你所見到的，只是幻象，而不是最終的經驗。它會逐漸消褪，化為回憶，不過即使如此，它也會提醒你，給你一個參照點。現在，放輕鬆吧，別那麼嚴肅！」

他往椅背一靠，依舊是那副慧黠的模樣，「你知道，」他又說：「這些小小的旅程的確讓我不必多費唇舌來啟發你。」就在這時，燈光閃熠，我們笑了起來。

他含笑從開飲機旁邊的小冰箱裡取出幾顆柳橙，邊榨著汁邊說：「你要是真想知道的話呢，你，其實你也正在替我效勞。我也『卡』在時空中的某處，無法動彈。有很大一部分的我，與你的進展綁在一起。我為了要教你，」他說著，反手一拋，把橙皮扔進肩膀後面的垃圾桶裡，每一次都無比神準，「幾乎得把自己的一部分灌進你的身體裡面。我跟你打包票，那可是不小的投資喔，所以說，從頭到尾都是團隊工作。」

他榨好汁，遞給我一小杯，「來乾一杯吧。」

我說：「祝我們合夥成功。」

「一言為定。」他微笑。

「再多說點有關恩情的事吧，你欠誰一份情？」

「這麼說吧，這是門規的一部分。」

「你根本就沒回答。」

「聽來或許很愚蠢，不過我還是得遵守我這一行特有的一套規矩。」他拿出一張小卡片，起先看起來很正常，後來我發覺上頭有一抹微弱的光芒。卡片上印著浮雕字體：

戰士企業

主管，蘇格拉底

專長：

詭論、幽默和改變

「收好，說不準哪天派得上用場。你需要我時，你真正需要我時，只要雙手拿著名片，呼叫我，我就會以某種方式出現。」

我把名片小心收進皮夾裡，「蘇格拉底，我會好好收著，你放心。哦，對了，有沒有喬依的名片，上面有她的地址？」

他不理我。

我們沉默下來，蘇格拉底開始拌他的生菜沙拉，這時我想到另一個問題，「那麼，我該怎麼做？我該如何敞開自己，接受覺察之光呢？」

他以問題回答問題，問道：「你想要看見什麼東西的時候，是怎麼做的？」

我笑了，「嗯，注意看就是啦！你指的是靜坐嗎？」

「核心就在這裡，」他切著蔬菜，突然說，「靜坐有兩個同時並進的過程：一個是**內觀**：注意逐漸冒出的思緒，另一個是**放下**：放下對冒出的思緒的掛礙。如此便能擺脫心智。」

「我想我曉得你的意思。」
「嗯，說不定你聽過一個故事：有個研習靜坐的學生，和一小批練習靜坐的人坐在一起，大家都很安靜。這個人看見血腥、死亡和邪魔的幻象，嚇得站起來，走到師父身邊，低語道：『禪師，我剛看到可怕的幻象！』『隨它去吧。』師父說。過了幾天，這位學生正在享受性幻想、洞悉生命的意義、看見天使等林林總總的幻象時，師父拿著棍子走到他的身後，重重敲了他一下，說：『隨它去吧。』」
我聽了故事，大笑說：「蘇格拉底，你知道的，我一直在想……」
蘇格拉底拿著胡蘿蔔，敲了我的腦袋一記，說：「隨它去吧。」
我們開始吃東西。我用叉子猛戳蔬菜，他則用木筷挾起一口口的菜，邊咀嚼邊安靜呼吸。他沒咀嚼完一口菜，絕不再挾另一口，好像每一口菜都是山珍海味。我一口接一口大快朵頤，同時也有點欽佩蘇格拉底吃東西的模樣。我先吃完，往後一靠，宣佈說：「我想我準備好要試試真正的靜坐了。」
「啊，是的。」他放下筷子，「『征服心智』，只要你有興趣的話。」
「我有興趣！我想要自我覺察，所以才會在這裡。」

「你想要的是自我形象，而不是自我覺察。你來到這裡，是因為你沒有更好的選擇。」

「可是我是真的想剷除我喧鬧的心智。」我提出異議。

「這不過是更多的幻象——就像個拒絕戴眼鏡的人，堅持說：『現在的報紙都印得不清不楚。』」

「不對。」我邊搖頭邊說。

「眼下，我還不指望你已經看清真相，不過你需要聽到真相。」

「你到底想說什麼？」我不耐煩地問，注意力已經分散了。

「這是底線了，」蘇格拉底說，他的聲調堅定有力，勾起我的注意力，「你仍然認為你就是你的思緒，把它們當成寶貝一樣，多方護衛。」

「才不呢。你哪裡知道？」

「小子，你那些冥頑不靈的幻象就像一艘逐漸下沉的船，我建議你趁著現在還來得及，放下這些幻象。」

我按捺住心頭越竄越高的一把火，「你又怎麼會知道我如何『認同』我的心智？」

「好。」他嘆口氣，「我來向你證明：當你說『我要回我住的地方』時，是什麼意思？你言下之意是不是認為，你跟你要去的那個地方是分離的？」

「嗯，當然。」

「那麼，當你說『我身體今天痠痛』時，是什麼意思？這個『我』與身體分開，提到身體時，視之為所有物，這個『我』是誰？」

我不由得大笑，「蘇格拉底，這是語意學，你得說點其他的來證明。」

「沒錯，語言的慣例揭示我們看待世界的方式。事實上，你的一舉一動的確像是在表示，你是『心智』，或是你身體裡面某種微妙的東西。」

「我為什麼要這麼做？」

「因為你貪生怕死，你想要永遠，渴望不朽。你誤認自己就是這個『心智』、『心靈』或『靈魂』，以為在你與死亡簽訂的合約中，發現了規避條款。作為『心智』，當身體死亡時，你說不定可以振翅高飛，重獲自由，嗯？」

「那也是一個想法。」我咧嘴笑著說。

「丹，正是如此。那是一個想法，不比影子的影子更真實。意識並不在身體裡面，而是身體在意識裡面。你**就是**那意識，而非那帶給你這麼多困擾的幽靈心智。你是身體，也是其他的一切，你方才親歷過的幻象想顯示給你的就是這個道理。只有心智會抗拒改變。當你放鬆，進入身體裡面，沒有心智，只會感到快樂、滿足又自由，你感覺不到分離。你**已經**不朽了，只是方式和你所想像或希望的不同。你還沒有誕生，便已不朽，在身體消散分解後，依然會不朽。身體是意識，它不生、不死，只會改變。然而心智，也就是你的自我、個人想法、歷史和身份，終究會死亡，誰需要它呀？」蘇格拉底往椅背一靠。

「我不敢確定我是不是了解這番話。」

「當然。」他大笑，「除非你體悟出了言語的真理，否則言語是沒有什麼意義的。可是你一旦領悟，就自由了。」

「聽起來挺不賴的。」

「對，是挺不賴的。眼前，我只是在為接下來會發生的事奠定基礎。」

聽了這話，我思索了起碼十秒鐘，才迸出下一個問題：「蘇格拉底，如果我並不是我的思緒，那我是什麼？」

他看著我，那副神情好像他剛說完一加一等於二，而我卻問：「是，可是一加一等於多少？」他伸手從冰箱裡抓出一顆洋蔥，拋給我，「剝吧，一層一層剝。」他指揮道，我就剝了起來，「你發現了什麼？」

「另一層。」

「繼續剝。」

我又剝了幾層，「蘇格拉底，只不過又多了幾層。」

「繼續剝。」

「剝光了，沒東西了。」

「錯，有東西留下來了。」

「是什麼？」

「宇宙。你走路回家時，好好想一想這件事。」

我望著窗外，差不多要天亮了。

第二天晚上，我先作了不怎麼樣的靜坐，才回到加油站，腦中仍充滿各種思緒。沒什麼生意，所以我們靠坐在椅上，啜飲薄荷茶，我跟他講起我水準欠佳的靜坐。他微微一笑說：「你說不定聽過這個故事，有個學禪的弟子問師父，禪最重要的是什麼。禪師回答說：『專注力。』『是的，謝謝。』弟子回答。『可否請您開示，次重要的是什麼？』禪師答稱：『專注力。』」

我不解，抬頭看著蘇格拉底，等他再說下去。

「各位，就這樣，沒別的了。」他說。

我起身倒水，蘇格拉底問：「你有沒有仔細注意你站起來的動作？」

「當然有啊。」我回答，其實並不肯定我是否真的有在注意。我走到飲水機旁。

「你有沒有仔細注意你走路的動作？」他問。

「有。」我回答，開始跟上狀況，玩起遊戲。

「你有沒有仔細注意你說話時嘴巴在動的情況？」

「嗯，我想有吧。」我說著，傾聽自己的聲音。我慌張起來。

「你有沒有仔細注意你是如何思考的？」他問。

「蘇格拉底，饒了我吧，我已經在盡力了！」

他傾身靠向我，「你的盡力而為顯然還不夠好，起碼目前還不夠好。你必須燃起你的專注力。漫無目的在體操墊上滾來滾去，並不能培養出冠軍選手；閉上眼睛坐好，任你的心智漫遊，也無法訓練你的專注力。必須全神貫注，生死就在此一舉！」蘇格拉底微微一笑，「這倒是讓我想起多年前的一件往事。

「我在一間寺院中，靜坐了一天又一天，拚命想要了悟一樁公案，那是我師父交待下來的一個謎，目的是要刺激心智，見其本性。我解不開這個謎，每一次都空手去見師父。我是個遲鈍的弟子，越來越氣餒。他叫我繼續研究這樁公案一個月，『到時候，』他鼓勵我說：『你就能解開了。』」

「一個月過去，我盡力而為，卻仍解不開公案。『再研究一個禮拜，心中要燃起熾熱的火！』他對我說。公案日夜燃燒，可是我依然參不透。」

「我的師父跟我說：『再參一天，拿出你全副心神。』那一天結束，我筋疲力竭，告訴師父：『師父，沒有用。不管一個月，一個禮拜，或一天，我就是參不透這個謎。』我的師父看著我許久，『再多打坐一小時吧。』他說：『如果到時你仍解不開公案，最好自殺。』」

「那一小時快結束時，面對迫在眉睫的死亡，我的覺察力突破了心智的障礙。」

「戰士為何必須靜坐？」我問：「我原以為戰士之道在於行動。」

「靜坐是初入門者的修練。末了，你會學到在每一項行動中都有所冥想。靜坐是一種儀式，靜坐時，你練習平衡、放鬆和神聖的超脫。你必須先掌握好這種儀式，接著才能擴大內觀，在日常生活中徹底放下。

「身為你的師父，我會用盡我所擁有的一切方法和手段，協助你持續去做接下來的工作。要是我直接走向你，告訴你幸福的奧祕，你會連聽都不想聽。你需要一個人來迷住你，現身時跳到屋頂上，才有可能讓你稍微感興趣。」

「好吧，我願意玩遊戲，起碼願意玩一陣子，不過每位戰士終究都得獨自上路。至於現在，我會做該做的事好把你留下來，繼續學習此道。」

我感覺到受人操弄，這讓我很生氣，「這樣一來，我就可以跟你一樣，乖乖坐在這加油站裡，慢慢變老，然後等著襲擊單純的學生？」我話才出口，就馬上後悔。

蘇格拉底卻也不氣惱，淺淺一笑說：「丹，別誤解這個地方，或你的師父。人和事物並不總是像表面上所看到的那樣，我是由宇宙來定義我，而非由這個加油站定義我。至於你何以該留下來，原因日後就會揭曉。你瞧，我非常快樂，你呢？」

一輛車開進加油站，散熱器四周白煙彌漫，「來吧。」蘇格拉底說：「這輛車正在受苦，我們搞不好得給它一槍，讓它早日解脫。」我們倆都走到這輛傷車旁邊，散熱器正沸騰滾燙著，車主心情惡劣，火冒三丈。

「怎麼這麼久才來？媽的，我可沒空耗在這裡一整夜！」

蘇格拉底一臉慈悲，看著他。「先生，我們來看看能不能幫上您的忙，盡量把大事化小。」他請那男的把車開進修車房，他把壓力蓋放在散熱器上，查出漏汽的地方。才不過幾分鐘的工夫，他就把破洞焊接起來，也不忘告訴那男的，過不了多久，他還是得換新的散熱器。「萬物都會死亡、改變，就連散熱器也是。」他對我眨眨眼。

那男人把車開走，我終於領悟了蘇格拉底透過言語所開示的真理。他真的非常快樂！似乎沒有什麼事情能影響他心情的快樂，從我們認識以來，他表現過憤怒、悲傷、強悍、幽默，甚至擔心的樣子，但他眼中始終閃耀著祥和、喜樂之光，即使在他熱淚盈眶時也不例外。

我一面走路回家，一面想著有關蘇格拉底的事，我每走過一盞街燈，影子就會拉長又縮短。快到家時，我把一塊石頭踢進黑暗中，沿著車道，輕輕走到屋後，我那間經過改建的車庫，就在胡桃樹枝椏下等著我。

離天亮只有幾個鐘頭，我躺在床上睡不著，心想我能否發現他的祕密，現在，這一點似乎比跳上屋頂更加重要了。

這時我記起他給我的那張名片，我立刻起床，開燈，伸手拿起皮夾，抽出名片。我的心開始劇烈跳動，蘇格拉底說過，在我真正需要他時，只要雙手拿著名片，呼叫他就可以。好吧，我就來試試看。

我站了一會兒，渾身發抖，膝蓋也開始打哆嗦。我雙手拿著發出柔光的名片，呼叫他：「蘇格拉底，請來，蘇格拉底。丹在呼叫。」我覺得自己像個徹頭徹尾的大笨蛋，清晨四點五十五分站在那，手裡拿著發光的名片，對著空氣講話。什麼也沒發生，我漫不經心地把名片隨手扔到鏡台上，就在這時，燈熄了。

「怎麼了？」我邊嚷，邊轉了一圈，想辦法去感覺他是否在屋裡。就像老電影中的橋段，我向後退了一步，卻被椅子絆倒，撞到床鋪，反跌了個狗吃屎。

燈又亮了，假設此時有人在聽得到的範圍內，那人八成會以為我是個學生，在古希臘研究這門科目上有了麻煩，不然的話，一大清早五點零二分，我幹嘛雞貓子鬼叫：「天殺的，蘇格拉底！」

我一輩子也不會知道，這次斷電是否純屬巧合，蘇格拉底只說過他會來，可沒說會以哪種形式來。我難為情地揀起名片，塞回皮夾裡，才注意到名片已經起了變化。在最後一行「詭論、幽默和改變」的下面，出現五個粗體字：「限緊急情況！」

我大笑，立刻墜入夢鄉。

暑期訓練已經開始，看到熟悉的老面孔真好。賀柏留了鬍子，瑞克和席德正努力把皮膚曬黑，看起來比以前更修長而強壯。

我很想和隊友分享我的生活點滴和我所學到的課程，卻不知從何講起。然後，我想起蘇格拉底的名片。暖身運動還沒開始前，我把瑞克拉到一旁，「欸，我有東西給你看。」我知道，一等他看了這張發光的名片和蘇格拉底的專長後，就會想多知道一點，說不定他們統統都會想知道。

我故弄玄虛，停頓了一下，才抽出名片，往他那邊輕輕一彈，「很特別喔，對吧？」

瑞克低頭看著名片，又把它反過來，然後抬頭瞧著我，臉上一副茫然的表情，「這是個玩笑嗎？丹，我不懂。」

我看了看名片，然後翻面，「呃，」我把紙片塞回皮夾裡，嘟囔著說：「拿錯了。算了，我們來做暖身運動吧。」我嘆口氣。太棒了，這下子，別人鐵定更加認定我是隊上的怪胎。

真是低級伎倆，我心想，竟把油墨變不見。

那天晚上，我抽出名片，丟到桌上，「蘇格拉底，希望你別再惡作劇，我已經厭倦了老是演白癡。」

他同情地看著我，「噢？你又看起來像白癡啦？」

「蘇格拉底，少來了。我拜託你，可不可以就此住手啊？」

「住手什麼呀？」

「就是把油墨……」我眼角的餘光瞥見桌子發著柔光。

戰士企業

主管，蘇格拉底

專長：

詭論、幽默和改變

限緊急情況！

「我不懂。」我喃喃自語，「這張名片是不是會改變？」

「一切都會改變。」他回答。

「這我知道，但是它是不是會消失，然後又出現？」

「一切都會消失，然後又出現。」

「蘇格拉底，我拿給瑞克看的時候，上面什麼字也沒有。」

「這是門規。」他聳聳肩，微笑。

「你講了等於沒講，我想知道怎樣……」

「隨它去吧，」他說，「隨它去吧。」

夏天很快過去，我加強鍛練體操，晚上去蘇格拉底那裡。我們一半時間練習靜坐，另一半時間則在修車房裡工作，或放鬆喝茶。每逢此時，我會問起喬依，我渴望再見到她，蘇格拉底卻什麼也不肯透露。

暑假即將結束，我的心又轉移回到即將來臨的學期。我已經決定搭機回洛杉磯，探望爸媽，「勇者」汽車暫時就停放在這兒的車庫保管。我打算在洛杉磯買輛機車，騎車沿著海岸北上回來。

我走在電報街上，要買點東西，剛拿著牙膏走出藥房時，有個瘦得皮包骨的青少年向我走來，他靠得很近，我聞得到經年累月的酒味和汗臭味。「拜託賞點零錢，好不好？」他問，眼睛並沒在看我。

「對不起，我沒有。」我說，心中了無歉意。我走開，心裡想著，「去找份工作吧。」這時我模模糊糊感到內疚起來，我剛才拒絕了一名身無分文的乞丐。接著，我生氣地想，「他不應該就那樣走近別人的身邊！」

我走過半條街，領悟到自己剛剛又接收了很多心智的噪音，因而感到緊張，一切只不過起因於有個人跟我要錢，而我不肯給。就在這一剎那，我放下，隨它去。我覺得輕鬆了一點，深深吸了一口氣，甩開緊張，把注意力轉向這美麗的一天。

那天晚上，我在加油站跟蘇格拉底聊我的計畫。

「蘇格拉底，我過幾天要飛回洛杉磯看我爸媽，說不定會買輛機車。嘿，我今天下午才知道，美國體操協會要派我和席德到南斯拉夫，和參加世界體操錦標賽的選手一起受訓。他們認為我們倆很有潛力入選奧運選手，想讓我們露露臉。你覺得怎樣？」

我很驚訝，蘇格拉底竟然蹙起眉頭，「該來的總會來。」

我心情昂揚，決定不理他，舉步便往外走，「嗯，那就告辭嘍，過幾個禮拜見。」

「幾個小時以後，」他回答說：「中午在路威格噴水池跟我碰頭。」

我邊納悶怎麼回事，邊跟他道別。

我睡了六個鐘頭後，直奔噴水池，這水池是根據以前常在此頻繁出沒的一條狗兒命名的。有幾條狗正在那兒嬉戲、玩水，好消除八月的暑氣；幾個小孩在水淺處走來走去。

就在柏克萊著名的大鐘塔噹噹敲響正午十二點時，蘇格拉底的影子出現在我腳邊。「我們走一走。」他說。我們漫步穿過校園，行經史布勞爾廳，越過驗光所和考爾醫院，從足球場後面爬上坡，到草莓峽谷山區。

他終於開口：「丹，對你而言，帶有意識的轉化過程已經開始了，這是條不歸路，要是試著走回頭路的話，結果只會……嗯，說這個沒意思，我需要知道你是不是已經獻身了。」

「你的意思是說，獻身某一個機構？」我設法開玩笑回去。

他咧嘴而笑：「雖不中亦不遠矣。」

說完，我們默默沿著慢跑小徑，走在茂密的樹蔭底下。

走到坡頂，城市盡在我們腳下，蘇格拉底才又開口說：「丹，過了某一點以後，就沒有人可以幫你了。我會引導你一陣子，不過就連我也得退後，留下你獨自一人。在大功告成以前，你將會承受嚴厲的考驗，你將需要很大的內在力量，我只盼望它會及時出現。」

海灣的和風不再吹拂，暑氣熾熱，我卻感到刺骨的寒冷。我在暑熱中打著哆嗦，注視著一隻蜥蜴匆匆爬過灌木叢。蘇格拉底最後那句話剛入耳，我轉身——

他已經不見了。

我感到莫名的驚恐，匆匆走回慢跑小徑。當時我並不曉得準備階段已經結束了，我的訓練才剛要開始，而其後的磨鍊險些要了我的命。

「意識並不在身體裡面，而是身體在意識裡面。你就是那意識，而非那帶給你這麼多困擾的幽靈心智。你是身體，也是其他的一切，你方才親歷過的幻象想顯示給你的就是這個道理。只有心智會抗拒改變。當你放鬆，進入身體裡面，沒有心智，只會感到快樂、滿足又自由，你感覺不到分離。你已經不朽了，只是方式和你所想像或希望的不同。你還沒有誕生，便已不朽，在身體消散分解後，依然會不朽。身體是意識，它不生、不死，只會改變。然而心智，也就是你的自我、個人想法、歷史和身份，終究會死亡，誰需要它呀？」

第二部

戰士的修練

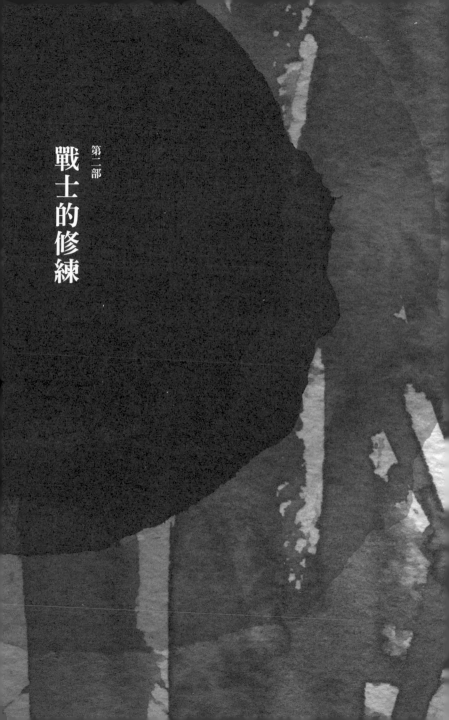

4 劍已磨利

我把「勇者」汽車停進租來的車庫，搭上到舊金山的F線公車，然後轉乘機場接駁巴士，但是卻遇上交通堵塞，看來是趕不上飛機了。焦灼的思緒紛紛湧出，我的胃痙攣得難受，我注意到這種情況，於是運用先前修練來的心得，把這些都放下，一切隨它去，整個人輕鬆不少，我一面瀏覽灣岸高速公路沿途的風景，一面沉思一個現象，那就是，我漸漸學會掌控緊張的思緒，以前我老是受它的折磨。結果，我在只剩幾秒鐘時，順利搭上了飛機。

我和爸爸長得很像，只不過他年紀大了，頭髮越來越稀疏。他到機場來接我，結實的身材穿著寶藍色運動衫，一見到我就用力和我握手，露出溫暖的微笑。媽媽在公寓門邊迎接我，臉上笑咪咪的，笑紋滿佈，煞是可愛，她對我又抱又親，跟我講有關姊姊、外甥和外甥女的近況。

那晚，媽媽彈了新練的鋼琴曲給我聽，我想是巴哈的作品。第二天黎明，我和爸爸一起去打高爾夫球。我好想要把我和蘇格拉底的歷險告訴他們，最後還是決定不說比較好。說不定哪天我會寫下來，把一切和盤托出。回到家真好，可是不知為何，有關於家的回憶，卻彷彿陳年往事，感覺好遙遠。

我們父子倆打完一局後，坐在健身房的三溫暖室裡，爸爸說：「丹尼，我想你一定相當適應大學生活，你看起來不大一樣，比較放鬆，比較平易近人，這並不是說你以前不大平易近人啦……」他搜索枯腸，想找到恰當的字眼，但我了解他的意思。

我微微一笑，但願他知道。

幾天後，我找到我的機車，一輛五百CC的「凱旋」。我花了好一番工夫才騎慣，有兩次差點摔下車，因為我以為看見喬依從一間商店走出來，但她走到街角，轉個彎，又不見了。我提醒自己得集中注意力騎車。

待在洛杉磯的最後一夜到了。我手上拿著安全帽，出門去買新的行李箱。我聽見爸爸喊：「丹，小心點，機車一到晚上就變得很不醒目。」他總愛這麼警告。

「好的，爸，我會小心。」我回喊，身上穿著體操T恤、褪色的牛仔褲，腳套著工作靴，然後我加足馬力，衝進溫暖的夜色中，覺得自己彷彿置身世界頂端，前程似錦。然而，我的未來即將改變，因為就在那一刻，與我相隔三個街區之處，有個名叫喬治．威爾森的男人正預備左轉到西街。

我在暮色中騎著車呼嘯而過，快到第七街和西街交叉口時，街燈閃爍了幾下。我正要騎經十字路口，注意到有輛白色的凱迪拉迎面而來，閃著方向燈，示意要左轉，於是我減速，大概就是這個小小的警戒心救了我的命。

機車剛進入十字路口，凱迪拉克卻忽然加速，在我面前直接轉彎。在接下來寶貴的幾秒鐘當中，打我出生時受之於父母的身體依舊還保持完整。

我有足夠的時間思考，卻沒有時間作出反應，「向左閃！」我的理智在尖叫，但是車流持續湧來，「向右偏！」我絕對避不開保險桿，「把車放倒吧！」我會滑到車輪底下。我沒有選擇，只能猛踩剎車，等著。整個情況好不真實，像一場夢，我看到汽車駕駛驚惶的臉孔在我面前閃過。隨著令人膽戰心驚的轟然巨響，還有玻璃碎裂的清脆聲音，我的機車撞上汽車的保險桿——我的右腿因此被壓碎。接著一切加速進行，飛閃而逝。我眼前一黑。

我的身子被一撞一彈，飛過轎車上方，摔落在水泥地上，在這以後，我想必失去了意識。等我清醒過來，身體起先麻木無感，這還比較好，因為過沒多久，疼痛開始了，活像有把燒得火紅的鉗子不斷夾著我的右腿，狠狠擠壓，越壓越緊，我實在痛得受不了，忍著不尖叫出來。我想讓這股疼痛停下來，我祈禱趕快陷入昏迷。遠遠有聲音傳來：「……就是沒看到他……」「……父母的電話號碼……」「……放心，他們馬上就到。」

接著我聽見遠方傳來警笛聲，有人動手摘下我的安全帽，將我抬到擔架上。我低頭，看到白色的骨頭從長靴破掉的皮革中突出來。救護車門砰地一聲關上，我忽然想起蘇格拉底說過的話：「……大功告成以前，你將承受嚴厲的考驗。」

似乎是幾秒鐘以後，我躺在洛杉磯整形外科醫院急診室的X光檯上。醫生埋怨說自己很累，我的父母奔進急診室，兩人看起來好蒼老，臉色發白。這時，我突然意識到這是真的，在麻木又震驚的狀態下，我開始哭了起來。

醫生手腳俐落，把我脫臼的腳趾接回原位，並縫合我的右腳。過了一會兒，在手術室裡，他用手術刀在我皮膚上劃了長長的一條紅線，劃進肉裡，切穿我原本靈活有力的肌肉。他從我的骨盆裡取出一塊骨頭，移植到碎裂成四十多塊的右大腿骨中，最後把一條細細的金屬支架釘進臀部骨頭中央，作為內部鑄模。

我半昏迷了三天，麻醉藥使我昏睡，勉強使我擺脫那叫人難受、毫不留情的痛楚。第三天晚上，我在黑暗中醒來，感覺有個像影子一樣安靜的人，正坐在附近。

喬依站起來，屈膝蹲在我的床邊，撫摸我的前額，我羞愧得把頭轉開。她低聲對我說：「我一聽說就趕來了。」我真希望和她分享的是我的勝利，但卻總是讓她看到我的失敗。我咬著嘴唇，嚐到淚水，喬依輕柔地將我的臉轉向她，凝視我的眼睛，「丹尼，蘇格拉底要我帶話給你，他請我告訴你這個故事。」

我闔上眼，專心傾聽。

有位老人和他的兒子經營一個小農場，他們只有一匹用來犁田的馬。有一天，馬逃跑了。

「真糟糕，」鄰居表示同情，「太不幸了。」

「誰知道是幸還是不幸呢？」農夫回答。

過了一個禮拜，馬從山上回來，還領著五匹母馬進了穀倉。

「太棒了，實在有夠幸運！」鄰居說。

「是幸運？還是不幸？誰知道呀？」老人回答。

隔天，作兒子的在馴馬時從馬上摔下來，斷了一條腿。

「真糟糕，這太不幸了！」

「是不幸嗎？還是幸？」

軍隊來到所有的農場，強拉青年從軍作戰，他們嫌農夫的兒子負傷在身，沒什麼用處，他因此而逃過一劫。

「幸？不幸？」

我苦笑，又一波痛楚襲來，我不禁咬緊嘴唇。

喬依柔聲安慰我：「丹尼，一切事情都有目的，就看你怎麼去善用它。」

「這場意外怎麼可能讓我去善用什麼呢？」

「丹尼，並沒有所謂的意外，每一件事情都是一項功課。相信你的生命，一切都有一個目的，一個目的，一個**目的**。」她在我耳邊一再低語。

「可是我的體操，我的修練……」

「這個就是你的修練。讓痛苦淨化你的身心，它會把很多阻礙燃燒殆盡。」她看見我懷疑的眼神，又說：「戰士並不尋求痛苦，但是如果痛苦找上門來，他會加以利用。丹尼，現在休息一下，休息一下吧。」她從走進來的護士身後溜出去。

「喬依，別走。」我喃喃說，又昏睡過去，什麼都不記得。

朋友們陸續來探病，爸媽則是每天都來，不過在那二十一天漫漫無盡期的晝夜裡，大部分時候我都是一個人，躺在床上，注視著白色天花板，一沉思就是好幾個鐘頭，憂鬱、自憐和無望等種種思緒紛至沓來。

在一個禮拜二的早上，我拄著新枴杖走進九月燦爛的陽光中，一跛一跛跨向爸媽的車子。我差不多瘦了十幾公斤，褲管鬆垮垮垂掛在凸出的臀骨上，我的右腿看來像一根棍子，一側有道長長的紫色疤痕。

在這難得沒有煙塵的晴天裡，一陣清新的和風輕拂過我的臉龐，風兒送來我原已遺忘的花香，不遠的樹梢上有鳥兒在吱吱喳喳，加上車聲，為我新近甦醒的感官交織出一首交響樂。我在爸媽家待了幾天，在熾熱的陽光中休養，在泳池淺水處慢慢游泳，忍著痛去強迫運動我那縫合的肌肉。我吃得很少：優酪、堅果、乳酪和新鮮水果。我漸漸恢復體力了。

朋友邀我到他們在聖塔蒙尼卡的家小住數週，那兒離海邊只有五條街，我欣然接受，慶幸有機會能多待在戶外。

每天早上我緩緩走到溫暖的沙灘，放下枴杖，坐在海浪邊，傾聽海鷗鳴叫和海浪拍岸的聲音，然後閉上眼，靜坐幾個鐘頭，渾然忘了周遭的世界。柏克萊、蘇格拉底以及往事似乎都離得好遠，在另一個空間，另一個人生中。

不久，我開始運動，起先慢慢來，然後加重分量。後來，我每天花上好幾個鐘頭，在烈日下揮汗作伏地挺身、仰臥起坐和吊單槓。我小心翼翼地對自己的身體施壓，先作倒立，然後上下跳動，一遍又一遍，用力吐氣，直到每塊肌肉都發揮到極限，整副身子都發亮。接著我會單腳跳進淺淺的碎浪中，坐在那兒，幻想自己正騰空在作空翻動作，我就這樣作著白日夢，直到鹹鹹的海水將我身上的汗水和遨遊的夢想通通沖進海裡。

我激烈運動，直到肌肉像大理石雕像那樣堅硬結實，我成為海濱的常客，把海和沙當作生活的方式。以按摩為工作的馬康會在我的毯子上坐下，講講笑話；還有在「蘭德公司」[1]擔任智庫的「博士」，這位奇才每天都會來到我旁邊，跟我聊聊政治和女人——大部分談的是女人。

註釋——

1 Rand Corporation，一九四八年成立的一個獨立、非營利性機構，為美國重要的外交和國防智庫之一。

我有時間思考自從認識蘇格拉底以來的種種遭遇，我想到生命和生命的目的、死亡和死亡的謎團。我也想到我那神祕的師父，他說的話——他生動的表情，而大部分時候，我回想的是他的笑聲。

十月的暖陽逐漸演變成十一月的雲層。海邊的人影逐漸稀少，在這段孤寂的時光中，我享受著多年以來從未感受到的安寧祥和。我想像自己終此餘生都待在海邊，心底卻明白，過了耶誕節我就得回學校去了。

醫生告訴我照X光的結果：「米爾曼先生，你的腿復原得很好，應該說，是出奇地好。不過，聽我一句忠告，不要抱太大的希望，由於這次意外，你不可能再勝任任何體操運動了。」我什麼也沒說。

不久，我向父母道別，搭上回柏克萊的班機。

瑞克到機場接我，我在他和席德那兒住了幾天，後來在校園附近租到一間公寓套房。

趁還沒開學，我給自己設計了一套每日練習計畫：早上我會拄著拐杖走到健身房，在機器上進行重量訓練，等到筋疲力盡就跳入游泳池，在水的浮力幫助下，努力在水中步行，強迫我的腿運動，直到痛得受不了為止——不到實在承受不了，我絕不罷休。

然後我會躺在池畔的平台，伸展肌肉，以便保持將來受訓時需要的柔軟度。末了，我會到圖書館讀書，算是休息，直到打起瞌睡。

我打電話給蘇格拉底，告訴他我回來了。他在電話中沒有多說什麼，只請我等到不必靠枴杖走路時再去看他。這對我倒是個好消息，我還沒準備好見他。

那年，我過了一個寂寞的耶誕節——直到我兩位隊友派特和丹尼斯來敲我的門，拉著我，說實在的，是硬抱著我上車。我們開往雷諾，往白雪皚皚的高處走，最後在唐納峰停下。派特跟丹尼斯兩個人跑過雪地，玩摔角，打雪仗，滑下山丘，我則小心翼翼，在結凍成冰的大地上蹣跚行走，坐在一根木頭上。

我的思緒飄回即將來臨的新學期和體育館，心裡懷疑我的腿究竟會不會復原，又變得結實有力。白雪從枝頭落下，噗地一聲掉在結凍的地上，將我從白日夢中驚醒。

回程，派特和丹尼斯一路唱著淫穢小調；夕陽逐漸西下，我望著晶瑩的雪花在我們四周飄揚，雪片經車燈一照，熠熠發光，亮晶晶的。我想到我那已脫離正軌的未來，但願自己能將混亂的心智拋諸身後，把它埋葬在山路旁的雪堆裡。

假期結束後不久，我回去洛杉磯幾天，看醫生。他給了我一根亮得耀眼的黑手杖，取代枴杖。之後我又回到學校，也回到蘇格拉底那裡。

那是禮拜三晚上十一點四十分，我一拐一拐走進辦公室，看見他容光煥發的臉，我當場明白，我回家了。我差一點忘了在靜靜的夜裡，和我的老師父坐著喝茶，是什麼樣的滋味。那種喜悅比我在運動場上得到的一切勝利都來得微妙，而且在很多方面更加恢宏巨大。我看著這個人，他已成為我的導師，我看到了以往從來沒有看見的事物。

以前我就注意到，似乎有光籠罩著他，但我以為那是我眼睛疲勞的關係。然而此刻我並不疲倦，的確是有光，那是種朦朧的光輝，「蘇格拉底，」我說：「你的身體周遭有閃亮的光，光是從哪來的？」

「清淨的生活。」他咧嘴一笑。這時服務鈴響了，他出去，表面上是替某人加油，其實是帶給人歡笑。蘇格拉底替人加的不只是汽油，也許還包括那種光輝、那股能量或情感。總之，人們離開時，往往會比來時還要快樂一點。

不過，他最令我深受感動的，並不是那種光輝，而是他的純真，他那乾淨俐落、毫不拖泥帶水的行為舉止。我以前沒有真正了解、欣賞這一切，而似乎我每學到一堂新的課程，就更深入洞悉蘇格拉底這個人。我逐漸看清楚自己複雜的心智，在這同時，我領悟到他早已超越了他的心智。

等他回到辦公室時，我問道：「蘇格拉底，喬依現在人在哪裡呢？我是不是很快就會再見到她？」

他好像很高興又聽到我發問，微微一笑，「丹，我不知道她在哪，這女孩叫我摸不清，一直都是這樣。」

接著，我跟他講我的車禍和後遺症，他專注地靜靜傾聽，不時點頭。

「丹，你不再是一年多前走進這辦公室的那個傻小子了。」

「一年了嗎？好像是十年啊。」我開玩笑：「你是說我不再是個傻子了？」

「不，我只是說你已經不小了。」

「嘿，蘇格拉底，這可真是叫人感動哪。」

「丹，眼下你只是個有靈性的傻子，這其間差別可大著呢。你仍然有找到大門的機會。」

「什麼大門？」

「戰士的領域由一扇大門所守衛，那門藏匿得很隱密，就像深山裡的寺院。有很多人敲門，但只有很少人進得去。」

「好吧，告訴我大門在哪，我會找到進門的路。」

「土包子，沒那麼簡單。這扇門存在於你的心中，你必須自己找到它。不過，你還沒有完全準備好，還差得遠呢。如果你現在就企圖進門，幾乎可以說是自掘墳墓。你得先完成很多工作，才會準備好通過這扇門。」

蘇格拉底說話的語氣好像在宣示什麼，「丹，我們已經談了很多，你也見過幻象，學到過教訓。現在時候到了，你得對自己的行為全權負責。要找到大門，你就得遵守……」

「門規？」我插嘴。

他笑了，這時服務鈴響，一輛汽車平穩駛過雨水積成的水窪，開進加油站。蘇格拉底穿著斗篷雨衣，很快走進毛毛雨中，我則隔著霧濛濛的窗子往外看。我看得到他把加油槍插進去，繞到駕駛座那一側，對車裡一個金髮蓄鬍的男人說了什麼。

窗子又起霧了，我連忙用袖子擦乾淨，及時看到他們在大笑。蘇格拉底打開辦公室門，一陣冷風毫不留情向我撲來，這時我才發覺身體很不舒服。

不過，蘇格拉底開始泡茶時，我依然開口說：「蘇格拉底，你請坐，我來泡茶。」他坐下，點頭表示同意。我靠在桌邊一會兒，覺得頭暈眼花。我的喉嚨很痛，喝點茶說不定會舒服一點。

我把水灌進茶壺裡，把壺放在電爐上燒，一邊問：「那麼，我是不是必須開拓某種通往大門的內在道路？」

「對，人人都必須如此。你得靠自己的努力來開拓這條路。」像是預期到我會提問題，他馬上接著說：「我們每個人都有能力找到並通過這扇門，可是只有少部分的人有興趣這麼做。這是非常重要的。我之所以決定教導你，並不是因為你擁有罕見而獨特的才能，老實講，你雖然有優點，不過也有很明顯的缺點，但是你擁有完成旅程的意志力。」

這些話激起我的共鳴：「蘇格拉底，我想你可以將這旅程比喻為體操。一個人就算過重、身體無力或僵硬沒彈性，也都可以變成優秀的體操選手，只不過是訓練期較長，過程也比較艱難而已。」

「沒錯，正是這樣。而有件事我可以告訴你：你的道路將又陡峭又崎嶇。」

我頭發燒，渾身痠痛，身子又往桌邊一靠，眼角餘光看到蘇格拉底走向我，手伸向我的腦袋。我心想，哦，不要，不要是現在，我還沒準備好。可是他只不過摸了摸我又濕又黏的前額，接著檢查我的扁桃腺，仔細觀察我的臉和眼睛，量我的脈搏。

「丹，你的能量失去平衡，你的脾臟大概腫起來了。我建議你去看醫生，今晚就去，現在就去。」

我踉蹌走到考爾醫院時，已經難受到了極點，我的喉嚨灼熱，身體發痛，醫生證實蘇格拉底的診斷準確無誤，我有嚴重的單核白血球增多，脾臟因此腫得厲害。我住進了醫院。

頭一個晚上，我持續不斷發燒，夢見自己一條腿巨大，另一條腿萎縮，設法在單槓上擺盪或翻轉，可是一切都不對勁。我的病情一再惡化，直到次日下午近傍晚時，蘇格拉底捧著一束乾燥花走進來。

「蘇格拉底，」我有氣無力地說，很高興他出乎意料來看我，「用不著這麼客氣。」

「這是應該的。」他回答。

「我會請護士把花插進瓶子裡，那樣我看到它們時就會想到你。」我虛弱地咧嘴笑了笑。

「這不是給你看的，是給你吃的。」他說著說著，離開了房間，過了幾分鐘後拿著一杯熱開水回來，壓碎了一些花，用他帶來的棉布包起來，再把茶包浸在水裡，「這茶會增強你的體力，而且有助於清血。來，喝吧。」味道苦苦的，藥味很重。

接著他拿出一小瓶黃色的液體，裡頭浮著更多壓碎的藥草，然後他把液體倒在我右腿疤痕的部位，用力按摩。我在想，那位長得挺漂亮、做事一板一眼的年輕護士要是現在走進來，不曉得會說什麼。

「蘇格拉底，瓶子裡這黃色的玩意是什麼啊？」

「泡了藥草的尿液。」

「是尿！」我邊說，邊嫌惡地把腳抽開。

「別傻了。」他說著，抓住我的腳，硬拉回去，「根據古老的療法，尿可是很受推崇的靈藥。」

我闔上我疲憊又疼痛的眼睛，我的腦袋像混亂的鼓聲似的，咚咚咚震動得很厲害，我覺得我的體溫又升高了，蘇格拉底把手放在我頭上，然後扶著我手腕，替我把脈，「很好，藥草開始生效了。今天晚上是危險期，等到明天，你就會好多了。」

我勉強發出幾乎聽不見的聲音，「蘇格拉底醫生，謝了。」

他伸出手，放在我的胸口。幾乎就在同一瞬間，我體內的一切都被強化了，我以為我的頭就要爆炸，熱度開始燒灼著我，我的扁桃腺噗通通在跳動，最糟糕的是，我右腿受傷的部位像在燃燒一般，痛得要命。

「住手，蘇格拉底，住手！」我喊道。

他把手拿開，我攤在床上。「我剛才灌了一點氣到你的身體裡，份量比你所習慣的多了一點。這會加速你的痊癒，它只會在有腫塊的部位燃燒，只要你擺脫障礙，只要你的心智清明，心靈開放，身體不再緊張，你就會體驗到這股氣是一種無法言傳的快感，比性更美好。你會以為自己置身天堂，而就某方面而言，這樣想並沒錯。」

「蘇格拉底，有時候我真被你嚇得半死。」

「戰士心中總是常存敬畏，」他咧嘴而笑，「你看來也像位戰士：由於受過體操基本訓練，身體苗條、結實又強壯。不過，你還有很多的工作得做，才能獲得我所享有的這種生命力。」

我太虛弱，沒力氣和他爭論。

護士走進來，「米爾曼先生，該量體溫了。」她一進來，蘇格拉底便禮貌地起身。我躺在床上，面色蒼白，一副悽慘的模樣。那一刻，我比以前更強烈感覺到我們倆之間真是天差地遠。護士對蘇格拉底微笑，他回報以咧嘴一笑，「我想令郎稍微休息一下，就會沒事了。」她說。

「我就是這樣跟他說的。」蘇格拉底說，眼睛閃閃發亮。她又對他再次微笑，她有沒有對他拋媚眼啊？白衣窸窣作響，她悄悄走出病房門。

蘇格拉底嘆了口氣，「女人一穿上制服，就是有點與眾不同。」說完一手放在我的前額，我隨即墜入夢鄉，睡得很深很沉。

第二天早上，我覺得自己像變了一個人，醫生檢查我的脾臟，摸摸我腫大的扁桃腺，再查看了一下病歷表，然後他揚起眉毛，一臉驚訝，「米爾曼先生，我找不出來你有什麼不對勁。」他的語氣幾乎帶著歉意，「你午餐後就可以回家了。要多多休息。」他邊瞪著我的病歷表，邊走出去。

護士窸窸窣窣，又經過我的房門。「救命哪！」我嚷道。

「怎麼了？」她說，迅速走進來。

「護士小姐，我真不明白欸。我想我的心臟有問題，只要妳一經過，我的心就會色色跳。」

「你的意思是亂亂跳吧？」她說。

「怎麼講都行啦。」

她微笑，「聽起來，你已經好到可以回家了。」

「大家都一直這樣跟我說，可是我肯定需要私人看護。」

她眨眨眼，轉身離開，「護士小姐，別丟下我不管哪！」我喊道。

那天下午，我步行回家，十分驚訝腿部傷勢竟然大為好轉。雖然我仍舊一腳高一腳低，跛得很厲害，每走一步，臀部就歪向一邊，但是我幾乎不必靠手杖，就可以走路。蘇格拉底的尿液，還是他替我灌的氣裡頭，說不定真有什麼神奇療效。

學校開學了，我又被同學、書本和作業團團包圍，然而對於現在的我來說，這些都僅是次要的。我遊戲照玩，卻不放在心上；在牛津街和赫斯特街轉角的一個小加油站裡，我有更重要的事情要做。

我睡了一個長長的午覺，然後走到加油站。我才剛坐好，蘇格拉底就說：「我們有工作要做。」

「什麼工作？」我邊說，邊伸懶腰，打呵欠。

「一次徹底的翻修。」

「哦，大工程嗎？」

「當然，我們要翻修翻修你。」

「哦，是嗎？」我說，心裡想著，哎呀，管他的。

「你就像鳳凰一樣，即將浴火重生。」

「我希望這只是個比喻。」

蘇格拉底正要開始行動，「現在，你是團亂七八糟、糾纏不清的扭曲線路和落伍程式，我們將重新裝配你的種種舊有習性，它們影響了你行動、思考、夢想和看待世界的方式。目前的這個你，大部分是一連串的壞習慣。」

我快受不了他了，「去你的，蘇格拉底，我剛克服了一些障礙，並且正在盡力而為。你能不能多少尊重我一下？」

蘇格拉底把頭往後一仰，笑了起來。他走到我身旁，把我的襯衫拉出來，我把襯衫塞回去，他又把我的頭髮撥亂，「大丑角啊，你給我聽好，人人都想得到尊重，可是光講『請尊重我』並沒有用，你必須以值得尊敬的行為，來博取他人的尊重，而想博取戰士的尊重，可不是件容易的事。」

我數到十，深吸一口氣，然後問：「那麼，偉大又令人敬畏的戰士啊，我該如何博取你的尊重？」

「改變你的行為舉止就對了。」

「什麼行為舉止？」

「那還用講，就是你那種『我好可憐』的行為舉止呀。別再以平庸為榮，拿出一點精神來！」蘇格拉底咧嘴笑著，縱身一跳，開玩笑地在我臉上拍了一下，又戳戳我的腰。

「住手！」我吼道，沒心情配合他的玩笑。我伸出手，想抓住他的臂膀，他卻輕輕一躍，跳上辦公桌，接著衝著我腦袋的方向跳下來，轉了個身，把我往後推到沙發上。我氣得爬起來，想要推他，但是剛碰到他，他便朝後方騰空一跳，越過桌面，我整個人遂趴倒在地毯上。

「該死！」我氣極敗壞、七竅生煙。他溜出門口，到修車房去，我一拐一拐地追在後頭。

蘇格拉底坐在保險桿上，搔著腦袋，「怎麼，丹，你生氣了。」

「你的觀察力倒是敏銳得驚人。」我氣沖沖地說，上氣不接下氣。

「很好。」他說：「碰到這種窘境，你是應該生氣。生氣和任何一種情緒都沒有什麼不對，只不過你得注意自己的舉止行為。」蘇格拉底以靈巧的手勢開始替一輛福斯汽車換火星塞，「怒氣是有力的工具，可用來轉換舊習，」他用火星塞扳手拔掉舊的火星塞，「然後用新的習慣來取代。」他把新的火星塞裝進汽缸，用扳手輕輕一旋，將它轉緊，「恐懼和憂傷會抑制行動，怒氣則會激發行動。一旦你學會善用你的怒氣，就可化恐懼和憂傷為怒氣，接著化怒氣為行動。這正是內在魔法裡的身體祕密。」

回到辦公室，蘇格拉底從開飲機倒了水，一面把今晚的特別茶玫瑰果浸到水裡，一面往下講，「想要剷除舊習的話，不能把全副的精力都集中在摒棄舊習，而是得集中在建立新的習慣。」

「如果我連自己的情緒都控制不了，又怎麼能控制自己的習慣呢？」

「你不必控制情緒，」他說：「情緒就跟氣象變化一樣，是自然現象，有時是恐懼，有時是憂傷或憤怒。情緒並不是問題所在，關鍵在於如何將情緒的能量轉化為積極的行動。」

我起身，從電爐上拿起發出笛聲的茶壺，把滾燙的水注入馬克杯裡，「蘇格拉底，你能不能舉個明確的例子？」

「去花點時間看看小嬰兒。」

我微笑，吹了吹我的茶，「真好玩，我從來沒想到嬰兒可是情緒大師喲。」

「嬰兒不舒服的時候，就會藉著哭來表達情緒，那是純粹的哭泣。嬰兒不會東想西想，納悶著自己該不該哭。嬰兒徹底接受自己的情緒，他們任意發洩情感，發洩完了便放下。在這件事情上，嬰兒是優秀的老師，學學他們的教導，你就能化解舊習。」

一輛福特「牛仔牧人」旅行車駛進加油站，蘇格拉底走到駕駛座旁，我則一面吃吃笑著，一面抓著加油管，打開油箱蓋。我受到他方才的一番開導所鼓勵，越過車頂上方大聲嚷道：「蘇格拉底，我準備好要把那些舊習都剝光抹盡啦！」然後我低頭看看車裡的人——是三位倍受驚嚇的修女。[2]我頓時說不出話來，滿臉漲成了豬肝紅，連忙洗起車窗。蘇格拉底倚著加油機檯，埋首狂笑。

「牛仔牧人」開走以後，隨即又有客人上門，這次倒是叫我鬆了一大口氣。是那位金髮男人，就是蓄著捲鬍子的那位。他跳下車，給蘇格拉底一個大大的擁抱。「約瑟夫，看到你真好。」蘇格拉底說。

「我也一樣……呃，他叫你蘇格拉底，是吧？」他轉身看著我，咧嘴而笑。

「約瑟夫，這個年輕的發問機器名叫丹，你按一次鈕，他就會發問一次，真是太有趣啦。」

約瑟夫同我握握手。「這老頭晚年有比較穩重一點嗎？」他問道，露出一個大大的微笑。我還來不及跟他保證說，蘇格拉底八成比以前更加冥頑不靈，老頭便插嘴：「哦，我真的變懶了，丹吃到的苦頭可比你少多了。」

「嗯，我明白了。」約瑟夫說，拚命想保持嚴肅的表情，「你還沒帶這小伙子去跑百里，也還沒帶他走過燃燒的木炭吧？」

「沒，才沒這種事。我們才正準備開始修練基本功，好比怎麼吃飯、走路跟呼吸。」

約瑟夫笑得開懷，我也不由得跟他一起哈哈大笑。「講到吃飯，」他說：「你們倆今天上午何不到小館來，當我的私人貴賓？我會很快幫你們作好一頓早餐。」

我正打算告辭，早上有一堂課呢，蘇格拉底卻開口了：「恭敬不如從命，再過半個鐘頭就要交班了，我們會走路過去。」

「好極了，待會見。」他把油錢拿給蘇格拉底，駕車離去。

「蘇格拉底，約瑟夫跟你一樣，是位戰士嗎？」

「世界上沒有跟我一樣的戰士，」他笑著回答，「也沒有人想要跟我一樣。我們每個人都各有各的天賦，比方說，你體操很在行，約瑟夫則精通膳食。」

「哦，你的意思是烹調？」

「並不盡然，約瑟夫擅長料理生食，新鮮、自然、富含酵素，諸如此類。你馬上就會嚐到，品嚐過約瑟夫的膳食魔術後，你就會受不了速食店啦。」

「他的菜有什麼特別的嗎？」

註釋——

2 habits 除指「習慣」外，也有修女服的意思。

「說實在的，只有兩點，兩點都很微妙。第一，他做事的時候，全神貫注；第二，他不管作什麼菜，『愛』都是主要的材料。餘味甘甜極了。」

來接蘇格拉底的班的，是個瘦得皮包骨的少年，他走進來，照例咕噥兩聲，算打過招呼。我們離開，穿越馬路，向南走去。我一跛一跛，盡量加快腳步，好跟上大步前進的蘇格拉底，並避開一大早尖峰時刻的車流，沿著風光明媚的小街走。

我們腳踩乾燥的樹葉，發出嘎喳嘎喳的聲音，經過一列列各形各色的住家建築，有維多利亞式的、西班牙殖民風味的、新高山「放客」式的，還有像盒子一樣的公寓房子，三萬名學生多半住在這樣的公寓裡。這些五花八門的建築物，構成了柏克萊的特色。

我們邊走邊談，蘇格拉底先開口：「你需要灌入份量十分龐大的氣，才能衝破心智的迷霧，找到通往大門的路。因此，務必從事具有淨化、再生力量的修練。」

「那你能再替我灌一次氣嗎？」

「當然可以。我們要把你清掃乾淨，分解開來，再拼回去。」

「喔，那你一開始怎麼不先講清楚啊。」我打趣道。

「你需要淨化每一項人類機能，好比移動、睡眠、呼吸、思考、感覺，還有吃東西。在所有的人類活動中，吃的重要性數一數二，應該先加以安定。」

「蘇格拉底，等一下。在吃的這方面，我並沒有什麼困擾。我很苗條，看起來還蠻賞心悅目的，我的體操也能證明我有充沛的能量。在我的飲食中作一些改變，哪裡能造成差別啊？」

「你目前的飲食或許的確給了你『充沛』的能量，」他邊說，邊抬頭看著一棵漂亮的樹，陽光透過枝椏灑落地上，「但也使你昏沉無力，影響你的心情，並且削弱你的覺察力。」

「改變飲食又怎麼會影響我的能量？」我辯駁道，「我的意思是說，我攝取熱量，而熱量代表著能量。」

「在某種程度上，這話並沒錯，可是戰士必須體會到更微妙的影響。我們主要的能量來源是太陽，然而一般說來，人類——也就是你……」

「承蒙認可，謝謝。」

「依你現階段的進化過程，除了有限的方式外，你並沒有辦法『吃陽光』。一旦人類發展出這種能力，消化器官便會退化，生產通便劑的公司就得關門大吉。至於眼前，恰當的飲食可以讓你盡量直接利用太陽的能量。這股能量能幫你集中注意力，把你的專注力磨成鋒利的刀刃。」

「只需要禁口不吃甜甜圈就行了嗎？」

「還有其他一些雜七雜八的東西。」

「有位日本奧運體操選手跟我說過，攸關緊要的是你的好習慣，而不是你的壞習慣。」

「那表示說，你的好習慣必須變得強而有力，好消弭那些沒有用的習慣。」蘇格拉底指著前面夏圖克路上靠近阿許比路的一家小館子。我常經過，卻從來沒注意到。

「那麼，你相信自然食物囉？」我問，這時我們正穿越馬路。

「重點不在於相不相信，而在於做不做。有一點我可以告訴你：我只吃有益健康的食物，而且只吃我需要的份量。你如果想辨別什麼才是你說的『自然』食物，就得磨利鍛鍊你的本能，你必須變成一個自然人。」

「在我聽來蠻禁欲的，你偶爾難道不會吃點冰淇淋嗎？」

「丹，比起被你稱之為『適量』的暴飲暴食，我的飲食乍看之下或許太簡樸刻苦。但是我吃得津津有味，因為我培養出一種能力，可以品味欣賞最簡單的食物，你將來也可以的。」

我們敲敲門，「請進請進。」約瑟夫熱情地說，歡迎我們光臨他的小館。這裡看來倒比較像一般住家，地上鋪滿了厚厚的地毯，各處安置著光滑的厚實原木桌，柔軟的直背椅看來像是骨董，牆上掛著壁氈，只有一面牆例外，擺著幾乎佔去整面牆的巨大水族箱，裡頭有五彩繽紛的魚游來游去。晨曦穿過上方的天窗灑落下來，我們就坐在天窗下，沐浴在暖和的陽光裡，偶爾有雲飄過頭頂，才遮住陽光。

約瑟夫把兩只盤子高舉過頭，走向我們，以優美的姿勢將盤子放在我們面前，先替蘇格拉底上菜，再替我上。「看起來好好吃！」蘇格拉底邊說邊把餐巾塞進襯衫的頸部。我低頭看，我面前有只白色的盤子，盤上只有一片胡蘿蔔和一片萵苣生菜。我驚愕到兩眼發直瞪著盤子。

蘇格拉底看到我的表情，笑得差點從椅子上跌下來，約瑟夫則必須倚靠在桌上。「啊，」我鬆了口氣說：「只是個玩笑。」

約瑟夫二話不說，拿走盤子，端著兩個漂亮的木碗回來，碗中各有一座雕琢完美的小山。小山本身混合了甜瓜和蜜瓜；一粒粒的胡桃和杏仁，每粒都分別加以雕刻，變成褐色的圓石；崎嶇的峭壁是蘋果和薄片的乳酪作成的；樹則由許多片巴西里香菜拼成，每棵樹都修剪成完美的形狀，好像是盆栽；山頭覆蓋著白雪，那是優酪製成的霜狀糖衣；山腳四周有對半切好的葡萄，還有一圈新鮮草莓。

我坐在那兒，看得目不轉睛。「約瑟夫，太美了。我捨不得吃，我想替它拍照。」我注意到蘇格拉底已經吃了起來，他一本慣例，細嚼慢嚥。於是我也開始攻向小山，按照我一向的作風，大口大口吃得唏哩嘩啦。我快吃完時，蘇格拉底突然狼吞虎嚥了起來，我瞬間領悟到，他是在模仿我。我盡量小口小口地吃，學他那樣，每吃完一口就深吸一口氣，可是速度慢得簡直叫人心灰意懶。

「丹，吃的樂趣並不只在於食物的滋味和肚皮飽足的感覺而已，學學享受整體的過程——之前的飢餓，細心的調理，把餐桌佈置漂亮，咀嚼，深呼吸，嗅嗅味道，品嚐滋味，嚥下，以及用餐後那種輕盈卻洋溢著能量的感覺，以及在食物消化了以後，你甚至能享受到輕易便將食物充分排除的過程。一旦你全神貫注於過程當中的每一個元素，就會開始欣賞簡單的飲食。

「你目前的飲食習慣，有一點想來是很諷刺的，那就是，你一方面害怕錯過哪一餐，另一方面卻從未充分覺察到你吃的每一餐。」

「我才不怕錯過哪一餐呢。」

「聽到你這麼講，我真高興。這樣，下個禮拜你就不會太難受了。」

「啊？什麼？」

「這一餐是你接下來七天當中的最後一餐。」蘇格拉底解說起我即將展開的淨化斷食計畫的大致內容。稀釋的果汁和不加糖的花草茶，是我僅有的食物。

「等等，蘇格拉底，我需要蛋白質跟鐵質來幫助我的腿痊癒，還需要熱量來練體操啊。」

講了也沒用，蘇格拉底這個人有時候很不講道理。

我們幫約瑟夫做些瑣碎的雜事，談了一會兒，向他道謝以後就告辭了，這時我的肚子又餓了。我們走回校園途中，蘇格拉底扼要說明我必須遵守哪些戒律，好讓身體恢復自然本能。

「幾年以後，就沒有守規則的需要了，你可以盡量實驗並信賴你的本能。不過眼前呢，你必須戒掉精製糖、精製麵粉、肉類、咖啡、酒精、菸草和各種毒品，只能吃新鮮水果、蔬菜、未精製的五穀雜糧和豆類。我不認可走極端的作法，但是就目前來說，你的早餐應該吃新鮮水果，偶爾可以加點優酪；午餐是主要的一餐，應該吃生菜沙拉、烤或蒸的馬鈴薯，還有全麥麵包或煮熟的五穀雜糧；等到晚餐時也是吃生菜沙拉，偶爾吃稍微清蒸過的蔬菜。每一餐都要善加利用沒有加鹽的生種籽和堅果。」

「蘇格拉底，我看哪，你早就是堅果專家了。」我發著牢騷。

回家路上，我們經過一家社區雜貨店，我正打算進去買餅乾，忽然想起來，我再也不准吃市售的餅乾了。接下來的六天又二十三個小時，我根本什麼也不准吃。

「蘇格拉底，我肚子餓了。」

「我從來就沒說過戰士的修練會是件輕而易舉的事。」

我們經過校園時，正好是下課時間，因此史普勞爾廣場上人山人海。我以渴慕的眼神凝視著漂亮的女生，蘇格拉底碰碰我的臂膀，「丹，這倒提醒了我，餅乾並不是你暫時得戒除的唯一可口東西。」

我停下腳步，「我想確定自己有沒有了解你的意思，你能不能講得再具體一點？」

「沒問題，在你沒有充分成熟以前，請把你那話兒保留在褲襠裡。」

「可是，蘇格拉底，」我好像生命受到審判似的，連忙辯稱，「這簡直就像清教徒，不合理又不健康。禁食是一回事，但這是完全不同的另一回事啊！」我開始引用「花花公子哲學」、亞伯特・艾利斯、勞勃・芮默、賈桂琳・蘇珊和薩德侯爵等人的論述，甚至還引用了《讀者文摘》和《艾比夫人信箱》專欄[3]，可是他通通不為所動。

他說：「我用不著說明理由，反正你必須在新鮮的空氣、新鮮的食物、新鮮的水、新鮮的覺察力和陽光當中，找到未來將令你震撼的事物。」

「我怎麼可能達到每一項要求？」

「想想佛陀對弟子說的最後一句話。」

「什麼話？」我問，等待開示。

「盡力而為。」他話一說完，便消失在人群中。

緊接著的一個禮拜，我的啟蒙式緊鑼密鼓進行。我的胃咕嚕咕嚕叫，蘇格拉底卻每晚替我排滿「基本」練習，教我怎樣更深更徐緩地呼吸。我賣力苦學，竭盡所能，卻覺得昏昏欲睡，眼巴巴盼望著趕快喝到我（噁心）的稀釋果汁和花草茶，夢想著牛排和甜麵包。而我以前甚至談不上特別愛吃牛排和甜麵包！

頭一天他叮囑我用腹部呼吸，第二天又叫我用心臟呼吸。他開始挑剔我走路的樣子、我說話的樣子，還有我「心智在神遊太虛」時，眼睛在房內四處滴溜溜轉的樣子。他好像對我樣樣都不滿。

他一而再、再而三地糾正我，有時溫和，有時嚴厲，「丹，姿勢必須恰當合宜，才能融入

註釋

3 艾利斯（Albert Ellis）為理情治療學派心理學家；芮默（Robert Rimmer）為美國作家，作品主題常與複雜關係有關；蘇珊（Jacqueline Susann）為六、七〇年代紅極一時的暢銷作家，《娃娃谷》為她最知名的代表作。《艾比夫人信箱》（Dear Abby）是美國報刊專欄，形式為讀者投書和作者回信，話題多半繞著情愛打轉。

地心吸力；心態必須恰當合宜，才能融入生命。」諸如此類。

斷食到第三天最難受，我虛弱又暴躁，頭痛欲裂，還有口臭。「丹，淨化過程中必然會發生這些情形，你的身體正在大掃除。」他告訴我。等到練體操時，我只能這裡躺躺、那裡躺躺，作作伸展運動而已。

到了第七天，我竟然感到渾身舒暢，飢餓感消失了，取而代之的是一種舒服的慵懶和輕盈的感覺。同時，我的體操練習居然也有了進步，雖然有一條腿虛弱無力，我仍賣力受訓。我覺得放鬆，身體也比以前更柔軟。

第八天，我恢復進食，先吃少量的水果，而我得拿出全副意志力，才不會大吃大喝起蘇格拉底准我攝取的隨便哪種食物。

他可不容我抱怨或回嘴，其實，除非絕對必要，他根本不准我講話。「別再嘰嘰喳喳，言不及義。」他說，「從你嘴裡出來的東西，和進去的東西一樣重要。」我學會省思我大部分比較空洞的閒話，一旦我開始抓到訣竅，少講點話其實感覺還蠻不錯的。我覺得自己多多少少變得比較沉著鎮定，但是過了幾個禮拜以後，我渴望能和他多聊個幾句。

「蘇格拉底，跟你賭十塊錢，賭我可以讓你說話超過兩個字。」

他攤開手，掌心向上，說：「你輸。」

有鑑於我以往在體操上的優異成就，我以為在我接受蘇格拉底的訓練時，過程必定也很順利。可是沒過多久我就發覺，蘇格拉底之前說的一點也沒錯，這的確不是輕而易舉的事情。

我主要的難題在於，怎樣和朋友維繫交情。我和瑞克、席德約女孩子到拉瓦爾小館吃披薩，包括我的約會對象在內，大夥合吃特大號的臘腸披薩，只有我沒吃，反而點了份小的素食全麥披薩。他們喝奶昔或啤酒，我則啜飲蘋果汁。飯後，他們想去芬頓冰淇淋店，別人大快朵頤聖代，我卻點了礦泉水，最後只有拚命吸吮冰塊的份兒。我看著他們，羨慕得要死，他們回看著我，眼神好像在說我有點精神失常。他們搞不好是對的。總之，我的社交生活在戒律的重重壓迫下，逐漸分崩離析了。

我開始會繞道，多走好幾條街，只為了要避開校園附近的甜甜圈店、小吃攤和露天餐廳。我的渴望和衝動似乎越來越強烈，但我竭力反抗，要是我為個果醬甜甜圈而滅了志氣，哪有臉去面對蘇格拉底？

不過，時日一久，我開始感到反抗慾越來越強，儘管蘇格拉底一副臉色陰沉，我還是對他發牢騷說：「蘇格拉底，你變無趣了，變成一個平庸又性情乖僻的老頭；你的身體甚至不再發光了。」

他怒視著我，「再也沒有魔術花招了。」他只說了這一句話。就這樣——沒有花招，沒有性，沒有馬鈴薯片，沒有漢堡，沒有糖果，沒有甜甜圈，沒有趣味，沒有休息，裡裡外外都只有戒律。

一月好不容易終於過了，二月則飛逝而去，現在連三月也快過完，體操隊快要結束這一季的訓練，我沒有入選。

我又跟蘇格拉底講起我的感受，他沒安慰我，沒表示支持。「蘇格拉底，我成了不折不扣、只注重精神世界的童子軍，朋友再也不想跟我一起出去，你害我漸漸沒有生活了！」

他卻只是開始他的文書工作，說：「你，盡力而為吧。」

「噢，真謝謝你這番激勵人心的加油打氣。」我開始覺得怨恨，我竟然讓別人——即使是蘇格拉底也算在內，指揮我的生活。

不過，我依然咬緊牙關，堅持遵守每項規矩，直到有一天我正在練體操時，那位漂亮的護士走進來，就是那位在我住院時，曾經在我的春夢中領銜主演的小姐。她安靜坐下，注視著我們作高空動作。我注意到，體育館裡的每個人幾乎立刻受到鼓舞，湧出新的能量，我也不例外。

我假裝專心練習，三不五時用眼角餘光偷瞄她一眼。她的絲質緊身褲和露背上衣揪住我的注意力，我的心思遊移不定，想著某些較有情色意味的動作。在接下來的練習過程中，我時時刻刻都強烈意識到她對我的注目。

訓練快結束時，她消失不見了。我沖了澡，換好衣，走上樓梯。她就在梯頂上等著，以誘人的姿勢斜倚著欄杆。我甚至不記得自己是怎麼爬完最後那些階梯的。

「嗨，丹．米爾曼，我是薇樂莉，你的氣色比我在醫院裡照顧你時好多了。」

「我是好多了，薇樂莉護士。」我咧嘴笑笑，「多謝妳的照顧。」她笑了起來，伸個懶腰，姿態迷人。

「丹，送我回家好不好？快要天黑了，而且有個陌生人老在跟蹤我。」

我正要提醒她說現在已經四月初了，還有一個鐘頭太陽才會下山，可是轉而又想，「管他的，應該沒什麼大不了的。」

我們邊走邊聊，結果在她家共進晚餐。她開了瓶「專供特殊場合喝的特殊的酒」，我只啜了一小口，但這卻是末日的開始，我的身體嘶嘶叫，比鐵板上的牛排還要熱。有那麼一刻，有個微弱的聲音在問：「你是個男子漢，還是個窩囊廢？」另一個微弱的聲音回答說：「我是個好色的窩囊廢。」那天晚上我徹底棄絕加諸在我身上的所有戒律，她給我什麼，我就吃什麼，開頭是一碗蛤蜊濃湯，然後是沙拉和牛排，至於甜點，我嚐了好幾份的薇樂莉。

往後三天，我睡得不大好，一心直想著要如何向蘇格拉底坦白認罪。

我作好最壞的打算後，走到加油站，把一切和盤托出，接著屏息以待。蘇格拉底有好一會兒沒開口，最後說了：「我注意到你還沒學會呼吸。」我還來不及回答，他便伸舉起一隻手，「丹，我能了解你為何選擇冰淇淋甜筒以及跟漂亮的女人調情，而不是選擇你的修練。可是，你能了解嗎？」他停頓半晌，「沒有讚美，沒有責怪，這下子你了解你的肚子和命根子裡那股壓抑不了的飢渴了。這樣很好。不過，有一點你得想想，那就是，我曾請你盡力而為，你這樣算真的盡力了嗎？」

蘇格拉底眼睛一「亮」，那亮光射穿了我，「一個月後再回來，不過要是沒有恪守戒律就不必回來了。喜歡的話，儘管見那女孩，但是不論你感覺到什麼樣的衝動，都要重新拿出意志力。」

「蘇格拉底，我會的，我發誓我會的！現在我真的了解了。」

「決心跟了解都不會使你堅強，決心是真誠的，邏輯是清晰的，但是兩者都沒有你所需要的能量。讓憤怒增強你的決心，下個月再見。」

我知道如果我再次破戒就完了，我重新下定決心，自己對自己承諾，再也不讓迷人的女人、甜甜圈或一塊烤過的乳牛肉來麻木我的意志力。我要嘛控制住我的衝動，要不就一死。

隔天，薇樂莉打電話給我，我感覺到她的聲音含有熟悉的誘惑力，不久前，那聲音才在我的耳畔呻吟，「丹尼，我今晚好想見你，你有沒有空？喔，好的，我七點下班，我們在體育館見好不好？好的，那到時見囉，拜。」

當晚，我帶她到約瑟夫的小館去，請她嚐嚐沙拉帶來的美妙意外之喜。我注意到薇樂莉頻頻對約瑟夫送秋波，還對附近每一個會呼吸、長得帥的男士拋媚眼。

之後，我們回到她家，坐著聊了一會兒。她問我要不要喝酒，我請她倒果汁。她摸著我的頭髮，輕柔吻著我，在我耳畔喃喃低語。我忍不住動情回吻，這時內在有個聲音大聲且清晰地說：蠢材，趁還來得及，快走。

我站起來，深吸一口氣，支支吾吾、顛三倒四地講著蠢到極點的理由，「薇樂莉，妳是知道的，我覺得妳很迷人，可是我正在奉行一套，呃，個人的戒律，所以我再也不准……嗯，我很喜歡跟妳一起作伴，可是……從今以後，請把我當成妳的知己或兄弟，或充滿愛心的……

呃，神、神父。」我差點就說不出口。

她深吸一口氣，撫平髮絲說：「丹，能跟一個不光只是對性有興趣的人在一起，真好。」

「嗯，」我受到鼓勵，說：「聽到妳這麼說，我好高興，因為我知道我們可以擁有別種的樂趣，同時……」

她看了看錶，「哎呀，你看都幾點了，我明天一早還得上班呢，所以，丹，我要說晚安了。謝謝你請我吃晚餐，真的很棒。」

第二天我打電話給她，忙線中。我留了言，不過她沒回電。過了一個禮拜，我在體操練習結束後見到她正跟隊上的史考特手牽著手。我上樓時，他們與我擦身而過——靠得如此之近，我能聞到她的香水味。她禮貌地點點頭，史考特斜睨著我，對我別有用意地眨眨眼。我從來不曉得一個眨眼竟可以如此傷人。

我肚子餓得要命，光吃生菜沙拉根本不能阻止這種飢餓，我不知不覺走到炭烤店前面。我嗅著滋滋作響、淋了特別醬料的漢堡的陣陣香味，記起我曾享受過的所有好時光，像是吃著加了萵苣生菜和番茄的漢堡，還有一大群朋友。我糊里糊塗、想也沒想，直接走到櫃台，聽到自己說：「請給我一客炭烤漢堡，加雙份乳酪。」

女服務生把東西給我，我坐下，盯著漢堡看，大口咬下。我突然領悟到自己正在做什麼：在蘇格拉底和乳酪漢堡之間選擇一個。我把那一口吐出來，憤憤地將漢堡丟進垃圾桶，走出去。事情結束了，我不會再受一時衝動所奴役。

那一晚標示著一個全新的開始，我開始散發自尊的光芒，感覺擁有個人力量，我知道從今以後，一切會比較容易了。

生活中逐漸累積小小的改變。我從小就有各式各樣的小毛病，比方在晚上天氣變涼時會流鼻水，還有頭疼、肚子不舒服以及心情陰晴不定，我以為這一切都是無法避免的正常現象，但現在，它們都消失了。

我不斷感到身體發散著一種光芒及一股氣。說不定這正足以說明，為什麼有很多女人對我送秋波，小孩和狗兒也向我走來，想要跟我一起玩。有幾位隊友開始拿他們的私人問題向我請教，我不再是暴風雨裡汪洋上的一葉扁舟，我開始覺得自己像直布羅陀岩石般屹立不搖。

我把這些經歷告訴蘇格拉底，他點點頭，「你的能量越來越充足了。人也好，動物也好，甚至事物都會受能量場所吸引，事情就是這樣。」

「這些是門規嗎？」

「是門規。」他接著又說，「不過沾沾自喜還嫌太早，你得保持覺知，你才剛從幼稚園畢業呢。」

一學年不知不覺就結束了，考試進行得很順利，我以前唸書總要唸到昏天暗地，苦不堪言，如今卻不費吹灰之力，輕輕鬆鬆就完成。體操隊出發去度個短假，然後返校接受暑訓。我開始不用手杖走路，甚至嘗試一個禮拜慢慢跑個幾回。我繼續鞭策自己遵守所有的戒律，盡量刻苦耐勞。我竭盡所能注意自己如何吃，如何移動，如何呼吸……但我再怎麼努力，都還是不夠好。

蘇格拉底卻只管增加他的要求，「既然你的能量正在累積中，你可以開始認真修練了。」我練習慢慢呼吸，慢到一次呼吸得花上一分鐘。這種呼吸練習，加上全神貫注，並與控制特定部位的肌肉搭配起來，可以像三溫暖一樣，讓身體發熱，因此不論外頭氣溫有多低，我都覺得很舒服。

我很興奮，因為我發覺自己逐漸培養出一種力量，就是蘇格拉底在我們初識的那一晚，向我展現的那種。我頭一次開始相信，說不定，只是說不定，我可以成為像他一樣的寧靜戰士。我不再覺得被朋友排擠，反而覺得自己比他們優越。每次一有朋友埋怨自己生病了或有別的問題時，我知道只要正確進食就可以治好病、解決問題，這時我便會盡量提出忠告。

有天晚上，我帶著新發掘出的自信，前往加油站，以為自己接下來肯定要學習印度、西藏或中國的古老奧祕，可是我一進門，蘇格拉底就遞給我一把刷子，說：「去把廁所刷到亮晶晶。」往後數週，我在加油站做了很多粗活，根本沒有時間從事真正的修練。我搬輪胎，整整搬了一個鐘頭，然後倒垃圾，我掃修車房，整理工具。和蘇格拉底相處的時光，如今淨被一些單調費力又令人生厭的事情所佔據。

在做這些事的同時，我毫無喘息的機會，他吩咐我在五分鐘內做完一件得花上半個鐘頭的工作，接著毫不留情地批評我做得不夠徹底。他不公平，不講理，甚至會出口傷人。我正在想自己有多厭惡這種情況時，蘇格拉底走進修車房，「你沒把洗手間的地板清乾淨。」

「一定是有人在我清完以後用了洗手間。」我說。

「不要找籍口。」他說：「去倒垃圾。」

我氣極了，一把抓起掃帚的柄，好像拿的是一把劍，「可是我五分鐘以前才倒過垃圾，蘇格拉底。你記不記得呀？你是不是變得老朽癡呆了啊？」

他咧嘴笑了。「我說的是這種垃圾，蠢材！」他拍拍自己的腦袋，對我眨眨眼。掃帚啪噠一聲掉落在地上。

又一天晚上，我正在打掃修車房時，蘇格拉底把我叫進辦公室，我坐下，一臉的惱怒，等候命令，「丹，你還是沒學會適當的呼吸，別再懶惰了，你得拿出全副精神。」

那就像壓垮駱駝的最後一根稻草，令我忍無可忍。我大吼大叫：「你才懶惰，我一直在替你做每一樣工作！」

他頓了一下，說實話，我覺得我在他眼底看到痛苦之色。他輕聲說：「丹，你向你的師父大吼大叫，這樣做並不得體。」

這時我才想起，他每次侮辱我，用意都是要讓我看出自己有多驕傲、多頑劣，他還教導過我要堅忍不拔。然而事已太遲，我還來不及道歉，蘇格拉底便開口說：「丹，該是我們分開的時候，至少眼前宜散不宜聚。等你學會禮貌，還有，學會適當呼吸以後，你可以再回到這裡。學會一樣，另一樣就不難了。」

我難過地拖著腳走出去，垂頭喪氣，我的世界一片漆黑。直到此刻，我才領悟到自己如今有多麼喜歡他，又有多麼感激他。我邊走邊想著，我老愛生氣、發牢騷，疑問又多，他對我卻始終很有耐性。我發誓絕不再對他怒吼。

眼下，我是孤獨一人了，我更加努力改正我那緊張的呼吸模式，越努力卻越糟糕。我一顧著深呼吸，就忘了要放鬆肩膀；記得要放鬆肩膀，整個人就鬆垮下來。

過了一個禮拜，我回加油站去看蘇格拉底，並向他請教。我發現他在修車房裡修理東西，他斜睨了我一眼，指指門口，我又氣又傷心，轉身踉蹌走進夜色中，聽見背後傳來他的聲音。「學會呼吸以後，想想辦法改進你的幽默感。」一回家的路上，他的笑聲在耳畔持續奚落著我。

我走到公寓門口的台階，坐下來，凝望馬路對面的教堂，其實眼前什麼也沒看到。我告訴自己：「我再也不要繼續這個不可能的修練了。」可是，我自己一點也不相信這句話。我依舊吃我的沙拉，避開各種誘惑；我頑強不屈，苦練呼吸。

近一個月後，正好是仲夏的季節，我想起那間小館。我老是忙著白天讀書、練體操，晚上到蘇格拉底那裡，始終抽不出空去看約瑟夫，而現在，我難過地想著，我每天晚上都有空了。我在快打烊時走進小館，店裡空空盪盪，我在廚房裡找到約瑟夫，他正仔細地清洗質地細緻的瓷盤。

我跟約瑟夫真是完全不一樣呀。我矮小結實，短髮，鬍子刮得很乾淨，活脫脫就是運動員的模樣；約瑟夫又瘦又高，留著柔軟鬈曲的金色鬍子，看來甚至有點弱不禁風。我走路和講話都像急驚風，他卻不論做什麼都慢條斯理，十分仔細。儘管我們有這麼大的差異——但說不定正因為這種差異，我被他所吸引。

我幫他排好椅子，掃地，兩個人邊幹活邊聊到深夜。我即使在講話時，仍盡量專注於呼吸，結果因此失手掉了一個盤子，還在地毯上絆了一跤。

「約瑟夫，」我問道：「蘇格拉底真的叫你跑過百里嗎？」

他笑了，「沒有啦，丹，我的性情並不大適合從事運動技藝。蘇格拉底難道沒有跟你講過，我當過他的廚子和跑堂很多年嗎？」

「蘇格拉底很少談到他的過去，可是你怎麼可能當過他的跑堂很多年？你不可能超過三十五歲。」

約瑟夫微笑，「比那還要老一點，我五十二歲了。」

「真的假的？」

他點點頭。那些戒律果真有不同凡響之處。

「不過，如果你沒作過身體的調整，那麼你都在受什麼樣的修練啊？」

「我原本是個脾氣暴躁又自我中心的年輕人，蘇格拉底不斷叫我做這做那，有很多次，我都差一點就要離開，但最後我終於學會如何給予，如何幫助，如何服務。他指引我走上幸福與和平的道路。」

「要學習服務之道，」我說，「哪裡能比加油站更好？！」

約瑟夫含笑著說：「要知道，他並不是一直都在加油站打工。他的生活極度不同於尋常，並且多彩多姿。」

「告訴我吧。」我催促他。

約瑟夫沉吟半晌，「蘇格拉底會用他的方式，適時告訴你。」

「我連他住在哪裡都不曉得。」

約瑟夫搔搔頭，「說到這個，我也不知道他住哪裡。」

我隱藏住失望之情，問道：「你是不是也叫他蘇格拉底？不會有這麼巧的事吧。」

「不是。不過他的新名字就像他的新學生一樣，都很有靈性。」他微笑。

「你說他對你要求很嚴苛。」

「對，非常嚴苛。我每樣事情都做得不夠好，他一逮到我悶悶不樂或發牢騷時，就打發我走，一走就是好幾個禮拜。」

「我看哪，在這兩件事情上面，我倒也是個專家。」我說：「他打發我走，期限不定。」

「為什麼？」

「他說，我沒學會適當的呼吸，就不准回去。天知道適當的呼吸是什麼意思。」

「哦，像這樣。」他說著說著，放下掃帚，向我走來，一手放在我的肚皮上，另一手放在我的胸膛上。「現在，請呼吸。」他說。

我按照蘇格拉底示範過的模樣，開始深深地、緩緩地呼吸，「不對，不要這麼用力。」過了幾分鐘，我覺得腹部和胸部怪怪的，裡頭很溫暖，很放鬆，是敞開的。突然間，我像個嬰兒般哇哇大哭，感到莫名的狂喜。就在那一剎那，我毫不費力地呼吸，感覺上像是有什麼在呼吸著我。這感覺真是好快樂，我心想，誰還需要去看電影找娛樂呀？我興奮得簡直快無法自制了！然後我又感覺呼吸再度緊張起來。

「約瑟夫，我又不行了！」

「丹，別擔心，你只需要再多放鬆一點就行了。既然你現在明白了自然呼吸是什麼感覺，就會讓自己越來越自然地呼吸，直到感覺起來很正常。呼吸是身心之間、感覺與行動之間的橋樑。均勻並自然的呼吸會把你帶回當下這一刻。」

「會不會使我快樂呢？」

「它會使你知覺意識清明起來。」他說。

「約瑟夫，」我說著，擁抱他一下，「我不知道你是怎麼做到了你做的那件事，但是我要謝謝你，非常謝謝你。」

他露出令人如沐春風的微笑，把掃帚擺到一旁，說：「請代我問候……蘇格拉底。」

我的呼吸並沒有立刻改進，我仍在努力又努力。但有天下午，我在作完重量訓練後回家的路上，注意到我不必費力就可以完整、自由自在地呼吸，很接近我在小館裡感覺到的那種呼吸方式。

當晚，我衝進辦公室，準備讓蘇格拉底為我的成功開心，並且我要為我的行為致歉。他好像早已知道我會去，我剎住腳步在他跟前停下時，他以平靜的語氣說：「好的，接下來，我們要——」那口吻好像我不過是剛上了趟洗手間出來，而不是久違了六個禮拜的密集修練。

「蘇格拉底，你沒有別的要說嗎？比如說，『小子，做得好』，或是『看來不錯』之類的？」

「你選擇的這條路上，沒有讚美，也沒有責怪。時候到了，你也該好自為之了。」

我先是氣得直搔頭，而後莞爾一笑，說好說歹，我都回來了。

自此以後，我不是在掃廁所，就是在學習其他更叫人氣餒的新練習，比方靜坐觀想體內的聲音，直到能夠同時聽見幾種為止。有天晚上，我正在做這個練習時，發覺自己被帶進一種以前從未體驗過的絕對祥和狀態中。有那麼一會兒——到底多久我並不知道——我覺得自己好像脫離了身體。這是我頭一回靠著自己的努力和能量，體會到一種超自然的經驗，我不需要蘇格拉底伸出手來按著我的腦袋，也不需要他催眠或對我做其他什麼的。

我很興奮，把這件事告訴他，他不但沒向我道賀，反而說：「別為了你的經驗而分了心。經驗來來去去，如果你想要某種經驗，那就去看電影，這比做什麼瑜伽都簡單多了，而且還有爆玉米花可以吃。喜歡的話，儘管靜坐一整天，聽聲音，看光芒，或者看聲音，聽光芒，但就是不要被經驗所引誘。把一切都放下，隨它去！」

我像被潑了盆冷水，沮喪地說：「我之所以去『體會經驗』——這可是你的說法，還不都是因為你交待我這樣做！」

他看著我，一臉驚異的表情，「難不成我得告訴你每一件事嗎？」

我簡直快要氣極攻心，沒多久卻笑了起來，他也笑著指著我。「丹，你剛才經驗到一種煉金術般的轉變，你把怒火轉化為笑聲。這表示你的能量水準比以前高了許多，障礙正逐漸在瓦解，說不定你終究還有了小小的進步。」他把掃帚遞給我時，我們倆仍咯咯笑個不停。

第二天晚上，蘇格拉底頭一次對我的一舉一動不發一語。我得到了訊息：從今以後，我必須自己注意自己。這時我才恍然大悟，他對我會有那麼多的苛責，實在是出自好意，我幾乎要想念起那些苛責了。

直到好幾個月以後，我方才了解，就在當晚，蘇格拉底不再當我的「家長」，而成了我的朋友。

我決定去看約瑟夫，跟他講我的近況。我走在夏圖克路時，有兩三輛消防車從我身邊疾駛而過。我並沒多想，直到快接近小館時，我看見天空一片橘紅，才拔腿飛奔起來。

我跑到那裡時，人群已漸漸散開。約瑟夫自己也才剛到，站在被燒成一片焦黑、滿目瘡痍的小館前面。我聽到他極度悲慟的嘶嚎，看見他緩緩跪下，痛哭。但當我走到他身旁時，他的臉色已恢復安詳。

消防隊長向他走來，告訴他火勢大概起自隔壁的乾洗店，「謝謝你。」約瑟夫說。

「約瑟夫，我很難過。」

「我也很難過。」他微笑著回答。

「可是才不久以前，你還很混亂憤怒。」

他微微一笑，「沒錯，當時是很憤怒。」我想起蘇格拉底說過「發洩情緒，然後就隨它去吧」，以前，這看來不過是一種不錯的想法，但就在此時此地，在這焦黑又濕淋淋的殘骸——原本是他那間美麗的小館——前面，這位文質彬彬的戰士以身示範了與情緒和平共處之道。

「約瑟夫，這地方本來好美呀。」我搖頭嘆氣。

「是很美，」他依依不捨地說：「不是嗎？」

不知怎地，他的沉著平靜令我心頭不安，「你難道一點都不煩惱嗎？」

他不動七情六慾地看著我，然後說：「丹，我有個故事，你說不定會喜歡，想不想聽聽看？」

「嗯，好吧。」

在日本的一個小漁村裡，住了一名少女，她未婚，卻生下一個孩子。她的父母覺得丟臉，命令她說出孩子的父親是誰，她很害怕，不肯明說，因為她所愛的那個漁夫已經偷偷告訴她，他要出去闖天下，等賺到大錢了，就會回來迎娶她。她的父母堅持要她把一切說出來，她走投無路，只好說孩子的父親是住在山上的和尚，叫白隱。

那對父母聽了勃然大怒，帶著女嬰到白隱門外，用力敲門，直到他打開了門。他們把孩子交給他，說：「這孩子是你的，你得照顧她！」

「是這樣嗎？」白隱邊說，邊把孩子抱在懷裡，然後向少女的父母揮手道別。

一年過去，真正的父親回到家鄉，迎娶少女。他們馬上去找白隱，請求他歸還孩子，「我們不能沒有我們的女兒。」他們說。

「是這樣嗎？」白隱邊說，邊把孩子交給他們。

約瑟夫微笑著等我回應。

「約瑟夫，故事很好聽，可是我不懂你現在為什麼要跟我講這個，我是指，就在剛剛，你的小館被燒掉了啊！」

「是這樣嗎？」他說，接著，我們笑了起來，我認命地搖搖頭。

「約瑟夫，你跟蘇格拉底一樣，瘋瘋癲癲的。」

「欸，丹，謝了，單單你一個人的悶悶不樂，就夠我們兩人用了。不過，用不著替我擔心，我早就已經準備好面對改變。我應該馬上就要搬到南邊，或北邊，嗯，是南是北，都沒有什麼差別。」

「嗯，可別不告而別喔。」

「那麼，再見吧。」他說著，不改一貫作風，給了我一個大大的擁抱，「我明天就要走了。」

「你會向蘇格拉底辭行嗎？」

他笑著回答說：「我和蘇格拉底很少來寒暄或道別這一套，你以後會明白的。」說完，我們就分道揚鑣了。

禮拜五清晨三點左右，我在前往加油站的路上，經過夏圖克路和中心路交叉口的鐘塔時，我比以前都更清楚地覺察到，我還有好多東西要學。我一走進辦公室，迫不及待地開口就說：「蘇格拉底，約瑟夫的小館燒光了，他要離開了。」

「怪了，」他說，「小館通常燒的是菜不是光呀。」他在開玩笑，「有沒有人受傷？」他問，但臉上並未流露出愁容。

「據我所知，沒有。你有沒有聽到我說的話？你難道一點也不難過嗎？」

「約瑟夫有沒有難過呢？」

「嗯……算有也算沒有。」

「是囉，不過就這麼一回事嘛。」話題到此結束。

接著，讓我訝異的是，蘇格拉底竟然拿出一包菸，還點了一根。「談到菸哪，」他說：「我有沒有跟你講過，根本沒有所謂的壞習慣？」

我簡直不敢相信眼前所見與耳畔所聞，我告訴自己，沒這回事，什麼事都不曾發生……

「你沒講過，而我在聽了你的建議以後，竭盡所能地改變我的壞習慣。」

「要知道，那樣做是為了培養你的意志力，並給你上一課，好讓你的本能復甦。事情是這樣的，不論哪種下意識的、不由自主的儀式行為，都會造成問題；然而特定的行動，比如抽菸、喝酒、吸毒、吃甜食或問愚蠢的問題，卻是有好有壞。每一行動都有它的代價和歡樂之處。你如果兩面都有所體會，就會變得既合乎實際，又能為你的行動負責。唯有如此，你才能自由並有意識地做出戰士的選擇，也就是：去做，還是不去做。」

「俗話說，『坐時就坐，站時就站，不論做什麼，都不可舉棋不定。』一旦你作出選擇，就得全力以赴。可別像那個牧師，在和妻子雲雨時，想到祈禱，在祈禱時卻又想到和妻子雲雨。」

我想像起那副畫面，笑了起來，蘇格拉底則噴起煙圈，個個圓圓滾滾。

「寧可盡全力而犯錯，也不要瞻前顧後、小心翼翼地避免犯錯。責任意味著同時領悟到歡樂和代價、行動和後果，然後作出選擇。」

「聽來像是『非黑即白』，沒有中庸之道嗎？」

「中庸之道？」他像個福音傳道者似的，縱身一躍，跳上桌子，「什麼中庸呀，根本是偽裝過的平庸、恐懼和迷惑，它是魔鬼的雙關語法，它不是做，也不是不做，而是搖擺不定的妥協，不能使任何人快樂。中庸之道只適合平凡無奇的人、覺得歉疚的人，還有不敢採取立場的騎牆派份子。中庸之道是給怕哭又怕笑，怕活又怕死的人。中庸之道哪，」他深吸一口氣，「是半冷不熱的茶，專給魔鬼喝的！」

「可是你跟我講過平衡、中道與中庸的可貴。」

蘇格拉底搔搔腦袋，「嗯，這倒是。說不定時機已經成熟了，你該信任你體內那個知情者，也就是你內心的顧問。」

我笑著說：「蘇格拉底，你開始講道時威猛得像頭獅子，結束時卻溫馴如一隻小羔羊，你還得多多練習喔。」

他聳聳肩膀，爬下桌子，「以前在神學院，別人也老是這麼說我。」我不知道他是不是在開玩笑。

「反正，」我說：「我還是覺得抽菸是叫人厭惡的事情。」

「我難道**還沒有**讓你了解我的訊息嗎？抽菸本身並不令人厭惡，抽菸的習慣才令人厭惡。我可以享受一根香菸，然後隔了六個月才再抽。而我一旦抽起菸，可不會自欺欺人，說我的肺不會付出代價；我在事後會採取合宜的行動，設法抵消負面的影響。」

「我只是從來沒想到，像你這樣的戰士竟然會抽菸。」

他向我噴著煙圈，「丹，我從來不按照別人的想法而活，連我自己的想法都不例外。並不是所有的戰士行事作風都跟我完全相同，不過你要知道，我們全都必須遵守門規。

「所以，我的所作所為符合你的新標準也好，不符合也好，你都要清楚一件事，那就是，我並沒有不由自主的行為，也沒有任何習慣，我的行動是有意識、自發、刻意並且完整的。」

蘇格拉底捻熄他的菸，對我微笑，「由於你的驕傲和自以為比人優越一點的戒律，你變得太呆板了。這會兒我們該來小小慶祝慶祝了。」

蘇格拉底從桌裡拿出一瓶琴酒，我坐在那兒，搖著頭，不敢置信。他用琴酒和汽水替我調了杯飲料。

「這裡有賣汽水嗎？」我問。

「這裡只有果汁，還有，別叫我老爹。」他說，令我想起很久以前他對我說過的話。然而現在，他卻給我一杯琴酒薑汁汽水，自己則喝著純琴酒。

「這個嘛，」他邊說，邊灌下酒，「慶祝的時刻到了，百無禁忌。」

「蘇格拉底，你這麼熱情，我很高興，不過我明天得練體操。」

「小伙子，拿著你的外套，跟我來。」我照著做。

有關那個在舊金山的禮拜六晚上，我記得清楚的只有一件事，那就是，我們很早就出發，而且一直沒停下。那晚的情景朦朦朧朧，有光，有叮噹作響的酒杯，還有笑聲。

相較之下，禮拜天早上的事，我倒記得很清楚。五點鐘左右，我的頭在抽痛，我們正沿著密遜路往南走，越過第四街的交叉口，晨霧瀰漫，我幾乎看不見街上的路標，蘇格拉底突然停下腳步，直瞪著白霧，我一個踉蹌，撞到他，吃吃笑了起來，然後很快就清醒過來；情況不大對勁。一個巨大的身影從霧中出現，我那已遺忘大半的夢境閃進我的腦海中，隨即又消失，因為我看到另一個身影，接著又一個，是三個男人。其中兩人擋住我們的路，又高又瘦，緊張不安。第三個男人向我們接近，從他破舊的皮夾克裡抽出一把匕首，我感覺自己的太陽穴砰砰跳得厲害。

「把錢交出來。」他喝令道。

我沒有怎麼多想，就走向他，伸手拿出我的皮夾，向前跌了一跤。他嚇了一跳，衝向我，揮著刀。蘇格拉底以我前所未見的快速度，一把抓住這人的手腕，一扭，把他拋到街上。另一個傢伙向我衝來，碰還沒碰到我一下，就被蘇格拉底的旋風腿一踢，踢中他的雙腿。第三個傢伙還來不及行動，蘇格拉底便縱身一撲，使出鎖腕技巧，抓住他的手腕，一扭，就讓他動彈不得。他坐在這男的身上，說：「你難道不認為，應該考慮採取非暴力行動嗎？」

其中一個男人正想爬起來，蘇格拉底大喝一聲，他便向後倒下。這時領頭的那個好不容易從馬路上站起，找到他的刀，然後怒氣沖沖、一拐一拐地衝向蘇格拉底，但蘇格拉底起身一拉，就把被他壓在底下的那人舉起來，往持刀的男人拋過去，叫著：「抓好！」他們跌倒在水泥地上，三人一陣狂怒，尖叫著一齊衝向我們，想作殊死一擊。

接下來數分鐘的情形一陣混亂，我還記得蘇格拉底推了我一把，我倒在地上。接下來除了呻吟聲外，就只有一片沉寂。蘇格拉底站著，一動也不動，然後甩甩手臂，深吸一口氣。他把刀扔進下水道裡，然後轉身朝著我，「你還好吧？」

「除了頭以外都好。」

「被打中了嗎？」

「只是酒精的關係啦。到底發生什麼事了？」

他轉向趴在路面的那三個男人，屈膝跪下，量他們的脈搏。他以近乎溫柔的動作，把他們的身子翻轉過來，輕輕地這裡戳戳那裡碰碰，檢查他們的傷勢。這時我恍然大悟，他正在盡力替他們療傷！「去叫救護車。」他說著，轉向我。我連忙跑到附近的電話亭，打電話，然後我們離開，快步走到公車站。我看著蘇格拉底，他的眼底有隱隱約約的淚光，打從我認識他以來，他頭一回看起來臉色蒼白，非常疲倦。

回家的車程中，我們沒怎麼交談。我是無所謂，一講話反而頭痛得厲害。公車在大學路和夏圖克路交叉口停下時，蘇格拉底下車，說：「下禮拜三請到我辦公室來，小酌幾杯……」我作了個苦瓜臉，他笑了笑，繼續說：「……花草茶。」

我在離家一條街的地方下車，頭疼欲裂，覺得我們好像打輸了，那三人這會兒仍在打著我的頭。我盡量闔上眼，走著最後這一小段路回家。我心想，當吸血鬼原來就是這種感覺，陽光是可以殺人的。

我們的小小慶祝會教了我兩件事：第一，我需要放鬆自己，看開一切；第二，至少對我而言，豪飲這回事是不值得的。況且，比起我正開始享有的愉悅之感，飲酒之樂根本微不足道。

禮拜一練體操時，我像拚命三郎似的，格外賣力，我還是有機會可以及時把自己準備好。我的腿部復原情況好得大出意料；我被一位不凡人物納入羽翼之下，受到他的保護。

我步行回家，心中漲滿感激之情，激動得在公寓門外跪下，摸著土地。我抓起一把泥土，定睛凝視著在和風中閃閃發光的翠綠樹葉。有那麼寶貴的幾秒鐘，我好像慢慢融入大地。接著，自小時候以來頭一遭，我感到天地間有著某種賜予生命的無名存在。

這時，我那習慣分析的心智跳出來說話了：哇，這是種自發的玄祕經驗唷。魔力頓時消失，我回到塵世裡的處境，一個凡夫俗子，站在榆樹下，手裡抓著一把土。我在既放鬆又茫然的狀態下，走進公寓，看了一會兒書，然後就睡著了。

禮拜二過得很寧靜，是暴風雨前的寧靜。

禮拜三上午，我投入課堂的洪流中，我原本認為已經永恆存在於心中的那股沉靜，很快就被微妙的不安和舊有的衝動所取代。我嚴守戒律苦練多時，沒想到竟然還會這樣，真叫我失望。然後，有新的事情發生，我聽到一項發自本能、強而有力的訊息：舊有的衝動會繼續浮現，可是衝動並無關緊要，要緊的是行動。戰士之所以為戰士，取決於戰士的行動。

起先，我以為是我的心智在搞鬼，但那並不是一個思緒或聲音，而是一種篤定的感覺，**知道就是知道**。這就好像蘇格拉底住在我身體裡面，我體內有位戰士。這種感覺將長相左右。

當天晚上，我去加油站，想告訴蘇格拉底我的心智近來過動的情形，並對他講起我的那股篤定感。我發現他正在替一輛破爛的福特水星汽車換發電機，他抬頭打了個招呼，隨口說：「我聽說約瑟夫今天早上過世了。」

約瑟夫的噩耗和蘇格拉底的冷漠無情令我深深震撼，我不由得向後一倒，跌靠在身後一輛旅行車上。我好不容易才有辦法開口問：「他怎麼死的？」

「我想，他死時應該很安詳吧。你知道，他有白血球過多症，很罕見的那種。病了好多年嘍，他可撐了好久，這傢伙真是優秀的戰士。」他的語氣流露感情，卻沒有一絲明顯的哀傷。

「蘇格拉底，你難道不難過嗎？一點點都沒有嗎？」

他放下扳手，「這讓我想起很久以前聽過的一個故事，有個母親因為兒子夭折而悲傷欲絕。

「『我受不了這份痛苦和悲哀。』她對她的姊妹說。」

「『我的姊妹呀，妳兒子出生前，妳有為他哀傷嗎？』」

「『沒有，當然沒有。』消沉的女人回答。」

「『好啦，那妳現在就不需要替他哀傷了。他只不過是回去他出生前待的那同一個地方，他的原鄉。』」

「蘇格拉底，這故事使你得到安慰嗎？」

「嗯，我認為這個故事還不錯，說不定以後你也會欣賞。」他以快活的語氣回答。

「蘇格拉底，我還以為我很了解你，但我從來就不知道你可以這麼無情。」

「丹，不必庸人自擾，死亡可是一點害處也沒有的。」

「可是，他人已經走了！」

蘇格拉底輕輕笑了笑，「說不定他人已經走了，也說不定沒有。說不定他從來就不曾在這裡！」他的笑聲響徹修車房。

我突然領悟到自己何以如此煩躁不安，「要是我死了，你是不是也會有同樣的感覺？」

「那是當然！」他笑著說，「丹，有些事情你還不了解，以現在來說，你就把死亡當成一種轉變好了，它比青春期的轉變稍微激烈一點，可是用不著特別難過。這不過是身體的一項改變，該發生時，它自然就發生。戰士既不求死，也不逃避死亡。」

他的神情突然變得陰鬱，接著又開口，「死亡並不讓人悲傷；讓人悲傷的是，大多數人根本就沒真正活著。」這時，熱淚湧上他的眼眶。我們坐在那兒，哥兒倆默默無語，然後我就回家了。

我剛拐進一條小街，那種篤定的感覺又出現了：悲劇對於戰士和愚人而言，是大不相同的。蘇格拉底根本不把約瑟夫的死當成是悲劇，我一直到好幾個月以後，在一個山洞的深處，才領悟到這個道理。

我怎樣都無法驅除一個想法，那就是，聽到噩耗時，我和蘇格拉底應該感到悲傷才對。我腦子裡一片混亂，心情又難過，就這樣回到家，最後總算睡著了。

到了早上，我了解到一件事：蘇格拉底的反應不等同於我的期待。我發覺，設法去迎合任何人的期待，包括自己的期待，都是沒有用的。我身為寧靜戰士，應該自己選擇在何時、在何處、以何種方式來採取一舉一動。我懷抱著這個使命，開始過戰士的生活。

當晚，我走到加油站辦公室，對蘇格拉底說：「我準備好了，什麼也阻擋不了我。」

他狠狠瞪著我，那眼神抵消了我連月來的修練，我打起哆嗦，他開口，小如耳語，卻似乎有刺穿人的力道：「你講這話像是個笨蛋，時機未到前，誰也不曉得自己是不是準備好。你沒剩下多少時間了！每過一天，你就朝著你的死期又邁進了一大步。我們可不是在這兒玩遊戲，你懂是不懂？」

屋外狂風大作，在毫無預警的情況下，我感覺到他的手指抓住我的太陽穴。

我蹲伏在樹叢裡，三公尺外有個身高超過兩百公分的劍客，正面朝著我躲的這個方向。他高大結實的軀幹散發著硫磺臭味，他的腦袋，甚且連同他的前額，都被醜陋糾結的頭髮所覆蓋；兩道粗眉像刀痕似的，劃過他充滿恨意的扭曲臉孔。

他眼露兇光，怒視著一個面對他的年輕劍客。這時，出現和巨漢一模一樣的五個身影，將年輕劍客團團圍住。他們六人一道放聲而笑，那是發自肚子深處、既像低哼又像嘲弄的笑聲。我覺得很不舒服。

年輕劍客的頭急遽左右扭動，狂亂揮著劍，一會兒繞圈疾攻，一會兒又採閃躲之勢，在空中比來劃去。他一點勝算也沒有。

所有的身影一聲怒吼，縱身向他撲去。巨漢的劍自他身後砍下，斬斷他的手臂，傷口噴出鮮血，他痛得哀號，盲目胡亂揮劍，慌亂地作最後的掙扎。巨劍又砍來，年輕劍客的頭顱從肩膀落下，滾到地上，臉上猶帶著驚恐的表情。

「噢。」我不禁呻吟，一陣噁心。然後硫磺臭味淹沒了我，我的臂膀一陣刺痛，有什麼把我拉出樹叢，摔在地上。我張開眼，年輕劍客斷頭上兩隻無神的眼睛，離我的臉不過幾公分，默默預示我即將面臨同樣的噩運。這時，我聽見巨漢喉嚨發出粗嘎的聲音。

「傻小子，向生命說再見吧！」妖道咆哮著，他的嘲弄激怒了我，我衝過去拿起年輕劍客的劍，隨即翻了個身，站起來面對著他。他大吼一聲，展開攻擊。

我閃開，可是他那一砍的力道卻震得我身子一歪，跌倒在地。說時遲那時快，他露出分身，連他一共六個人。我跳起來站好，一邊設法牢牢盯緊原來的那個他，可是我已毫無把握了。

他們開始唸唸有詞，聲音發自肚皮深處。他們慢慢向我逼近，吟誦聲變成垂死之人從喉嚨發出的聲音，低沉而恐怖。

這時，那感覺又出現，我明白自己該怎麼做了。巨漢代表你一切苦惱的本源，他就是你的**心智**。他是你必須刺穿的惡魔，可別像那被擊倒的戰士一樣，被他欺騙了；**集中注意力**！說來荒謬，我當時竟然心想，揀這種時候給我上一課，太扯了吧。接著，我又回到眼前的困境。

我感覺到一種冰冷的平靜，我躺下不動，閉上眼，彷彿投降了，我雙手握劍，劍刃橫過胸前和臉頰。幻象可以愚弄我的眼，卻騙不了我的耳。只有真的劍客走路時會有聲音，我聽見他在我身後，他只有兩個選擇——走開，或者殺死我。他選擇殺我。我專注傾聽，一察覺到他的劍就要砍下，立刻使出渾身的力氣，把劍向上一刺，感覺到劍刺穿了過去，刺破衣服和肌肉。一聲駭人的尖叫傳出，我聽見砰的一聲，他倒在地上。身體被我的劍刺穿、趴在地上的，正是那惡魔。

「你這次差一點回不來。」蘇格拉底皺著眉頭說。

我奔向洗手間，吐了個痛快。我出來時，蘇格拉底已經泡好加了甘草的甘菊茶，「對神經和胃都很好。」

我開始對蘇格拉底講起這趟旅程，「我就躲在你身後的樹叢裡，也看到整個經過。」他打斷我的話，「有一回我差點打了個噴嚏，幸好沒有，雖然我一點也不擔心跟那傢伙糾纏。丹，有一度，我以為我得介入了，不過你處理得相當好。」

「嗯，蘇格拉底，謝了。」

「不過，你好像忽略了一點，而且因差點要了你的命。」

這會兒輪到我打岔，「我所關心的那主要的一點，就是那巨漢的劍尖。無論如何，我並沒有忽略那一點。」

「是嗎？」

「蘇格拉底，我終生都在與幻象戰鬥，為每一項瑣碎的個人問題，鑽牛角尖。我一心一意想改進自己，卻沒把握住最初促使我追尋生命的那個問題。我想讓世上萬事萬物為我而奏效，卻老是縮回自己的心智裡，滿腦子都只有我、我、我。那巨漢就是我，是我的自我，那渺小的自我，我總以為自己是偉岸的巨人，而我把它刺穿了。」

「顯然如此。」他說。

「如果是那巨漢打贏了，會怎麼樣？」

「別這麼問。」他陰沉地說。

「我非知道不可，我會不會真的就死了？」

「有可能。」他說，「最起碼，你會發瘋。」

就在這時，茶壺的笛聲響起。

「如果我連自己的情緒都控制不了，又怎麼能控制自己的習慣呢？」

「你不必控制情緒，」他說：「情緒就跟氣象變化一樣，是自然現象，有時是恐懼，有時是憂傷或憤怒。情緒並不是問題所在，關鍵在於如何將情緒的能量轉化為積極的行動。」

5

山間小徑

蘇格拉底把冒著煙的熱茶倒進兩個馬克杯中，開口鼓勵我，這可是數個月以來，他頭一次替我打氣，「你在決鬥中活了下來，這意味著你已經準備好向獨一目標更邁進一步。」

「獨一目標是什麼？」

「等你察覺到時，就已經在那裡了。你的修練現在總算可以轉移到不同的領域了。」

一項改變，這是進展的跡象！我興奮了起來，心想，我們總算又要行動了。「蘇格拉底，」我問：「是什麼新的領域呢？」

「首先，你得向內心求，去找到答案。現在就開始，走出去，到加油站後方，垃圾箱後面，就在那裡，角落靠牆的地方，你會找到一塊扁平的大石頭，坐在石頭上，等到你悟出有價值的事情後，再來告訴我。」

我頓了一下，「就這樣？」

「就這樣。坐著，直到你悟出一個值得與我分享的洞見。」

我走出去，找到那石頭，坐在黑暗中。起先，我的心頭一片雜念，我想到我多年來在學校學過的所有重要觀念。一個鐘頭過去，接著兩個鐘頭，三個鐘頭。再過幾個鐘頭，就要日出了，我越來越冷，開始放慢呼吸，煞有介事地想像我的肚皮是暖和的。過沒多久，我又感到舒服了。

直到破曉，我唯一想得出來可以跟他講的，就是有一回上心理學時的體悟。我撐著僵痛的腿，站好，一拐一拐走進辦公室。蘇格拉底坐在辦公桌後，一副輕鬆自在的模樣，說：「啊，這麼快？好吧，是什麼呢？」

我尷尬得幾乎難以啟齒，又希望他能滿意，「好的，蘇格拉底，儘管我們外表有很多差異，卻都有同樣的人性需求和恐懼，我們想走在同一條路上，互相指引。人一旦了解這一點，就能生出慈悲心。」

「不壞，回去再想。」

「可是天已經亮了，你要下班了。」

「那不成問題。」他咧嘴而笑，「我肯定你今晚就會想出什麼來。」

「今晚？可是我……」他指著門外。

我坐在石頭上，身體又瘦又疼，我回想我的童年，思索往事，尋覓洞見。什麼都沒有，我絞盡腦汁，設法把我和蘇格拉底相識數月來所發生的一切，壓縮成一句睿智的箴言。

我想到我此時沒辦法去上的那些課，還有我得對教練講的藉口。我該說什麼才好呢？說我一直坐在加油站的石頭上嗎？聽起來夠像瘋言瘋語，足以使他哈哈大笑。

太陽慢吞吞爬過天際，速度遲緩得叫人痛苦。夜幕低垂，我坐在那兒，又餓又氣又沮喪，我沒有想到什麼可以告訴蘇格拉底的，接著，就在他即將按時回來上班時，我有了靈感。他想要更深沉、更普世的什麼，我努力貫注全副的心神，我看見蘇格拉底走進辦公室，向我揮揮手，我更加倍地努力著。然後，午夜左右，我悟出來了。我腳麻到甚至走不動，所以先作了幾分鐘的伸展動作，才拖著腳步走進辦公室。

「好，蘇格拉底，我悟出來了。截至目前，我一直在人們的社交面具後面，看到他們共同的恐懼和激起苦惱的心智，然而卻只讓我變得憤世嫉俗，因為我看得不夠深入，所以才看不出他們內在的光芒。」我想這應該是個重要的啟示。

「好極了。」他宣佈。我舒了一口氣，正準備坐在沙發上時，他又說：「可是和我設想的不大一樣。你能不能帶給我更感動人的東西？」我氣餒地嚷了一聲，用力踏著腳步，回到我那塊哲學家之石上。

「更感動人的東西。」他說了，那是不是一個暗示？我自然地回想到最近在健身房裡的練習，隊友像母雞一樣咯咯有聲，嘮嘮叨叨，老擔心我又讓自己受傷。前不久，我在單槓上作超大幅度的擺盪動作時，有個全轉直彈的動作發生失誤，不得不從單槓上跳下來。我知道我的腿將重重著地，但是我還沒著地，席德和賀柏就在半空中抓住了我，把我輕輕放下。「丹，小心點！」席德斥道，「你又想弄斷腿嗎？」

然而像這些事情，跟我眼前的窘境似乎都沒有關係。因此，我將知覺放鬆下來，希望那感覺能給我一點忠告。什麼也沒有出現。我渾身痠痛得不得了，再也無法集中精神了。我索性緩緩起身，練起幾招太極拳，蘇格拉底對我示範過這種慢動作似的中國功夫。我屈膝，以優美的姿態前後搖動，鬆鬆垂著雙手，我讓呼吸隨著身體重心的變換而流動，心裡一片空白，不意浮現一副景象。

幾天以前，我緩慢而小心地跑向柏克萊市中心的普羅弗廣場，就在市政廳對面，緊靠著柏克萊高中。為了有助於身體放鬆，我作起太極拳的來回擺動動作，我專注於柔軟度和平衡，覺得自己像在大海中漂浮的海草。

我發覺到有幾個高中男生和女生停下腳步，盯著我看，我不管他們，把注意力轉回身體，讓我的覺察力隨著太極動作而流盪。我作完全套動作以後，撿起運動長褲，套在跑步短褲外面。這時，我的注意力被兩個漂亮的少女所吸引，她們正看著我，吃吃笑著。我心想，這兩個女生八成對我有好感，我邊想邊把兩條腿都塞進同一只褲管，結果當場失去平衡，跌了個狗吃屎，整個人趴倒在地上。

兩個女生連同另外幾個學生全都大笑起來，我起先覺得很難為情，後來索性躺在地上，跟著他們一起哈哈大笑。

我站在石頭上，納悶自己怎麼會想起這件事。這時，我頓悟了，我走到辦公室，站在蘇格拉底的桌前，宣佈：「**人生沒有平凡無奇的時刻！**」

蘇格拉底微微一笑，「歡迎回來。」我跌坐在沙發上，他開始泡茶。

從此以後，在體育館的每一刻，在地板上也好，在空中也好，我都將之視為特別的時刻，值得我投入全副注意力。不過蘇格拉底不只一次解釋過，我還需要更多的練習，才有能力把無比銳利的注意力，灌注到日常生活的每一分每一秒。

第二天中午過後，體操練習尚未開始前，我趁著萬里晴空，豔陽高照，在紅杉樹林中靜坐。才靜坐不到十分鐘，就有人一把抓著我，來回搖晃我的身體。我滾到一邊，喘著氣，彎腰屈膝半蹲半站，這才看到是誰出手攻擊，「蘇格拉底，你實在太沒有禮貌了！」

「醒醒吧！」他說，「工作時不准睡覺，還有事情要辦呢。」

「我下班了，」我開玩笑說：「午休時間，請到下一個窗口。」

「大俠，該動一動了。去穿上跑鞋，二十分鐘以後在這兒碰頭。」

我回家，穿上我破舊的運動鞋，立刻趕回紅杉樹林，但到處找不到蘇格拉底的蹤影。這時我看到了她。

「喬依！」

她打赤腳，穿著藍色運動短褲和T恤，T恤在腰部打著結。我奔向她，給她一個擁抱。我笑著，想要推倒她，把她摔到地上，但她可不容易被推倒。我想聊一聊，跟她說說我的感想和計畫，她卻用手摀住我的嘴巴，說：「丹尼，以後還有時間聊。現在，跟著我就是了。」

她開始作起一套集各家之長的動作，有太極拳、徒手體操和身心協調運動。才不過數分鐘，我就感覺到輕盈、放鬆，精力充沛。

喬依也不示意一下，突然就說：「各就各位，預備，起！」她拔腿就跑，穿過校園，我跟進，卯足了勁拚命想趕上，我們朝著草莓峽谷的山區前進。我上氣不接下氣，因為尚未進入跑步狀況，開始落後一大截。我更加拚命地跑，肺部像在燃燒，遠遠超前的喬依卻已經在可以俯瞰橄欖球場的坡頂停下來。我好不容易跑到她身旁時，簡直快喘不過氣來。

「甜心，怎麼耽擱了那麼久？」她雙手插腰說，接著又跳開，往峽谷那頭跑，直奔防火小徑的入口，也就是在山裡蜿蜒向上的狹窄泥土路。我不甘示弱，追了上去。儘管身體疼痛不堪，我卻堅持要追趕上她。

我們快到防火小徑時，她放緩步伐，開始以合乎人性的速度跑步。接著，叫我見之喪膽的是，到了低坡小徑的最底點，她居然沒轉彎，反而帶著我上了另一個山坡，直入山區。

等我們跑到了低坡小徑的盡頭，她轉了彎，並沒有跑上高坡和低坡小徑之間的連接道，這條陡峭的山路足足有四百公尺之長，我感激得默默讚頌起主來。我們沿著長長的下坡路往回跑，喬依開始講話：「丹尼，蘇格拉底請我引導你進入新的修練階段，靜坐練習固然有益，但你終究得張開眼睛，環顧四周。戰士的生活是不斷移動的經驗。」

我看著地面，一邊傾聽，一邊沉思。我回答：「是的，喬依，這我了解，因此我才在體育館接受訓練……」我抬起頭，剛好及時看見她的倩影在遠方消失。

那天下午稍後，我走進體育館，躺在墊子上，不斷作著伸展運動，直到教練走過來，問道：「你是打算躺一整天呢，還是要來試試我們替你準備的其他也挺不錯的活動？我們把它叫做『體操』項目。」

自從受傷後，我頭一回嘗試做一些簡單的翻滾動作，試試我的腿。跑步是一回事，翻滾可是另一回事，翻滾會帶來疼痛，在做雙腿猛然落地、同時將身體往上一推這個高級動作的時候，身體承受的壓力可以高達七百多公斤。我也開始試跳彈簧床，這還是近一年以來的第一次。我饒富韻律地往上彈跳，一遍又一遍做著空翻動作。我的兩位彈簧床隊友派特和丹尼斯嚷道：「米爾曼，放輕鬆一點好嗎？要知道你的腿還沒有復原咧！」他們要是知道我剛剛才在山區跑了好幾公里，不曉得會怎麼說。

那晚走到加油站時，我累得幾乎睜不開眼睛。我從十月的涼風中走進辦公室，準備喝點安神熱茶，輕鬆地講講話。早知道，我就該放聰明一點。

「過來面朝著我，像這樣站著。」蘇格拉底屈膝，臀部向前，肩膀向後，接著雙手伸到前面，好像抓著一只隱形的海灘球，「保持這個姿勢，不准動。慢慢呼吸，注意聽好。丹，你比大多數人擅於做動作，但是你的肌肉太緊張。肌肉越緊張，動作時消耗的能量就越多。所以，你得學習如何釋放囤積已久的緊張。」

我的腿又痛又痠，開始發抖：「好痛！」

「就是因為你的肌肉硬得像石頭，才會這麼痛。」

「好了好了，道理你講得很清楚了！我得維持這個姿勢多久啊？」

蘇格拉底卻只是微微一笑，突然走出辦公室，留我一人在那兒彎著腿，流著汗，身體顫抖。他回來時，帶了一隻灰色的公貓，牠顯然在前線戰鬥過。

「你得像奧斯卡一樣鍛鍊肌肉，這樣你的身手才能跟我們一樣敏捷。」他說著，搔搔那隻呼嚕呼嚕叫的貓兒耳後。

我的前額冒汗，肩膀和腿痛得不得了。終於，蘇格拉底說，「稍息。」我站直，抹抹前額，抖抖雙臂，「過來，向奧斯卡介紹一下你自己。」蘇格拉底搔著貓兒的耳後，牠高興得呼嚕叫，「我們倆都要擔任你的教練，小乖乖，是不是啊？」奧斯卡大聲喵喵叫，我拍拍牠，「現在，捏捏牠的腿肌，慢慢來，一直捏到骨頭那裡。」

「我可能會弄痛牠。」

「捏就是了！」

我捏貓兒的肌肉，越捏越深，直到碰觸到骨骼。貓兒好奇地看著我，一邊還不住地呼嚕叫。

「現在來捏我的小腿肚。」蘇格拉底說。

「喔，蘇格拉底，我下不了手。我們還不夠了解彼此。」

「笨蛋，捏啊！」我捏下去，令我意外的是，他的肌肉捏起來居然跟捏貓咪的一樣，感覺像結實的果凍。

「輪到你了。」他說著，伸手捏住我的小腿肚。

「噢！」我叫喊出聲，「我本來一直以為堅硬的肌肉是正常的。」我邊說，邊揉小腿。

「丹，肌肉堅硬是正常的，但是你必須超越正常，超越平常、普通或合理，到達戰士的領域。你一直設法在平常的領域中變得優秀，現在則要在優秀的領域中變得平常。」

蘇格拉底讓奧斯卡走出門，接著向我介紹體能修練的微妙要素：「現在，你可以了解心智是如何對身體施加壓力。憂慮、焦灼和其他的心智殘渣經過多年的累積，形成慢性的緊張狀態，如今時候到了，你該釋放這些張力，把你的身體從往昔之中解放出來。」

蘇格拉底把白布鋪在地毯上，叫我把衣服脫掉，只留短褲。他自己也只穿著短褲，「萬一有顧客上門，你要怎麼辦？」他指指掛在門邊的工作服。

「現在，跟著我做。」他開始把一種氣味甜香的油抹在左腳上，我模仿他的一舉一動，學他用力捏、按、戳進腳趾的底部、頂端、兩側和之間，同時伸展腳趾，壓一壓，拉一拉，「不要光是按摩皮肉，要按摩骨頭，再按深一點。」他說。過了半個鐘頭，我們按摩好了左腳，然後照著同樣程序按右腳。如此這般好幾個鐘頭，把全身每個部位通通按摩到。我學到有關我的肌肉、韌帶和肌腱的事情，這些都是我以前不知道的。我感覺得到肌肉連接的地方和骨頭的形狀，枉費我身為運動員，對自己的體內卻那麼陌生，這實在令人驚訝。

期間有幾次服務鈴響，蘇格拉底迅速套上工作服，除此之外，我們並沒有受到打擾。我在黎明時分穿上衣服時，覺得自己好像有了一個嶄新的身體。蘇格拉底招呼完一位客人後回來，說：「你已經清理了身體內很多舊有的恐懼，下個月起，每週一次撥出時間重複這套程序。受傷的部位尤其需要多按摩按摩。」

我心想，家庭作業真是越來越多。天色漸亮，我打了個呵欠，該回家了。我正要走出門口時，蘇格拉底叮囑我下午一點整到防火小徑的盡頭。

我提早到達小徑，懶洋洋地伸展身體，做暖身運動。經過「骨骼按摩」後，我的身體感覺起來放鬆而輕盈，不過因為只睡了幾個鐘頭，仍然有點疲倦。天空早下起毛毛細雨，大體上，我今天沒有興致跟任何人跑到任何地方去。我聽到附近的樹叢沙沙作響，我站著，一動不動，凝神注視，等著看見一頭鹿走出樹林。沒想到從葉叢中步出的是喬依，她又打赤腳，穿著墨綠色短褲和萊姆綠的T恤，衣服上頭繡著「快樂就是加滿的油箱」字樣，她看來像是個小精靈公主。那件上衣顯然是蘇格拉底送的。

「嘿，喬依，真高興又看到妳。我們坐下來談談吧，我有好多事想告訴妳。」她淺淺一笑，隨即快步跑開。

我跟在她身後跑上第一個轉彎，差點在潮濕的泥土地上滑一跤。經過昨天的一番運動以後，我覺得雙腿虛弱無力，沒一會兒呼吸就變得急促，我很慶幸她的速度比昨天慢了一點。

我們跑到低坡小徑的盡頭，我吃力地呼吸著，受傷的那條腿在抽動。這時她說：「小乖乖，快起來。」一說完就跑上連接道。我的心智在反抗，疲軟的肌肉在抵制，我抬頭看著喬依輕輕鬆鬆、蹦蹦跳跳地跑上山，彷彿腳下踩的是平地。

我喊了一聲，也跑上連接道，像頭喝醉酒的猩猩，彎腰駝背，嘴裡嘟囔著，上氣不接下氣，悶頭直向上爬，前進兩步時還會滑退回一步。

小徑到頂端變平坦了，喬依站在那兒，嗅聞著濕松針的氣味，看來好像小鹿斑比一樣，安詳又滿足。我的肺乞求更多的空氣，「我有個提議，」我氣喘吁吁地說：「剩下來的路用走的，不，用爬的，這樣我們就有多一點的時間講話。妳看怎麼樣，這提議不錯吧？」

「一起來吧。」她愉快地說。

我的懊惱轉為憤怒，我要追她到天涯海角！我一腳踏進一灘水裡，在泥濘的地上滑了一跤，還撞上一根小樹枝，險些跌落山邊。「天殺的去他媽的王八蛋！」我喃喃咒罵，聲音嘶啞，沒有力氣多說話。

我掙扎著爬上一座小山，感覺上好像是翻過科羅拉多落磯山山脈，然後看到喬依蹲在那兒，正逗著一些躍過小徑的野兔玩。我蹣跚跑向她，野兔跳進樹叢中，喬依抬頭看著我，含笑說：「喔，你來了。」我逞起英雄，向前傾身，設法加快腳步超前她，可是她就像箭矢般衝了出去，轉眼又不見人影。

我們爬了三百多公尺高，我在海灣的上方居高臨下，看得到大學就在腳下，然而我的狀況卻讓我無法欣賞風景，也沒那份心情。我覺得自己就快昏倒了，我眼前浮現一幕情景——我被埋葬在山上潮濕的泥土底下，土堆上立著墓碑，寫著：「丹躺於此，一條好漢，勇於嘗試。」

雨勢變大了，我卻好像恍神似的，悶著頭繼續跑，身子向前傾，跌跌撞撞，腳步拖拖拉拉，一腳拖拉完再拖拉另一腳，我的鞋沉重得像鐵打的靴子。接著我彎過一個轉角，看到最後一個山坡，坡度幾乎是垂直的。我的心再次抗拒，身體停了下來，可是在高高的山頂上，喬依就站在那兒，雙手插腰，好像在跟我挑戰。不知怎地，我居然有辦法將身子向前傾，腿也還能向前移動。我賣力前進，使勁掙扎，呻吟著爬完彷彿永無止盡的最後一段路，一頭撞進她懷裡。

「哇，好傢伙，哇。」她笑著說，「你跑完了，大功告成囉。」

我靠在她身上，上氣不接下氣，喘息地說：「答……對……了。」

我們步行下山，這使得我有充裕的時間恢復體力和談話，「喬依，這麼辛苦又快速的鞭策方法，好像不大自然。我還沒有真的準備好跑這麼遠，我想這對我的身體沒好處。」

「你講得大概沒有錯。」她說：「可是這並不是要考驗你的身體，而是要考驗你的心靈，要看看你能否堅持下去，並不只是堅持爬山，而是堅持你的修練。要是你停下來不爬，一切就結束了。但是丹尼，你通過考驗，高分過關了。」

起風了，大雨傾盆而下，把我們倆淋得一身濕。這時，喬依停下腳步，雙手抱著我的頭，吻我。雨水從我們濕淋淋的頭髮滴落，沿著臉頰流下，我攬住她的腰，被她明亮的眼神所吸引，再次接吻起來。

一股新的活力注入，充滿了我的體內，我自嘲說，看我們倆淋成了這副德性，簡直就像需要擠水的海棉。接著我又說：「我們來賽跑，看誰先跑到山腳！」我拔腿就跑，取得先機。「管他的，」我暗忖，「大不了一路滑下這些天殺的小徑！」結果，還是她跑贏。

當天下午稍後，我身體乾爽又暖和，和席德、蓋瑞、史考特和賀柏在體育館裡，懶洋洋做著伸展運動。溫暖的體育館儼然像是怡人的避風港，阻擋了外頭的滂沱大雨。雖然我之前跑得叫苦連天，不過仍留有一點精力。

當天晚上我踏進辦公室，脫下鞋子時，精力卻消失了。我真想啪噠一聲，把痠痛的身體摺倒在沙發上，然後睡上十或十二個鐘頭。我抗拒這個蠢蠢欲動的念頭，盡量保持優雅的坐姿，面對蘇格拉底。

他把室內重新佈置了一下，我覺得挺有意思的。牆上掛著高爾夫球選手、滑雪選手、網球選手和體操選手的照片；辦公桌上擺了棒球手套和橄欖球。蘇格拉底甚至穿了件汗衫，上面印著「俄亥俄州立大學教練團」。看起來，我的修練進入了運動階段。

蘇格拉底泡著一種具有提神醒腦作用的特別茶——他稱之為「雷霆咒」——我則在旁邊跟他聊著關於我在體操上的進展。他仔細傾聽，接著說：「體操和其他的運動其實並不像大多數人所想的那麼單純。」

「這話怎麼說？」

他手伸進辦公桌裡，拿出三把看來可以殺死人的小刀，「呃，蘇格拉底，沒關係。」我說：「我並不真的需要你跟我說明。」

「起立。」他喝令道。我站起來，他沒來由地就將一把小刀對準我的胸膛低手一拋。我閃到一邊，倒在沙發，小刀無聲掉落於地毯上。我躺在那兒，餘悸猶存，心臟噗通噗通跳得特別快。

「很好，」他說：「你稍微反應過度，不過還不錯。現在，起立，準備迎接下一刀。」

就在此時，茶壺哨笛響起，「哦，可是，」我說，一邊搓著兩隻冒汗的手掌，「喝茶時間到了。」

「那可以等。」他說：「仔細看著我。」蘇格拉底把亮晃晃的刀刃直直向上一拋，我看著刀先是打轉，而後掉落。小刀正從空中落下，說時遲那時快，他的手向下一探，握住了刀柄，那隻手就像把鉗子似的，把刀穩穩地夾在姆指和另外四指之間。

「現在換你試試看，注意我是怎麼夾住刀子的，這樣就算我不巧抓到了刀刃，手也不會受傷。」他將另一把刀向我拋來，我這回比較放鬆，往旁跨了一步，試著去夾刀子，但連邊也沒沾到。

「要是你下一次還夾不到，我就要改成高手拋了。」他警告說。

這一次我的眼睛盯牢刀柄不放，等到小刀飛近時，我伸出手，「嘿，我接到了。」

「運動真好玩，對不對？」他說。我們心無旁騖，專心拋刀、接刀，終於坐下來喝茶。

「現在，讓我來跟你聊聊什麼是頓悟，這是禪的觀念。頓悟出現在專注於當下的時候，此時身體靈活、敏感且放鬆，情感則是開放而自由的。頓悟就是小刀飛來時，你所經驗到的事。頓悟就是戰士存在的狀態。」

「蘇格拉底，你知道，我有很多次都有這種感覺，特別是在比賽的時候。我往往因為心思太集中了，甚至聽不到掌聲。」

「是的，那就是頓悟的經驗。運動、舞蹈、音樂或其他任何一種具有挑戰性的活動，都可以成為通往頓悟的途徑。你以為自己熱愛體操，其實體操只不過是包裝紙，裡頭包著的禮物就是頓悟。做體操時，你必須全神貫注於你的一舉一動，體操帶領你進入關鍵時刻；你的生命處於危險中，就像決鬥的武士，不是頓悟就是死。」

「就好像雙重空翻做到一半時那樣。」

「對。這說明了體操為何是一種戰士的藝術，它讓人在訓練身體的同時，學會集中心思、清空情緒，但是大部分的運動員卻沒能把這種清明的狀態，擴及到日常生活中。這就是你的功課了。當頓悟變成你每一天的真實，我們就平等了。頓悟是你的大門鑰匙。」

我嘆了口氣，「蘇格拉底，這看起來遙不可及。」

「當你跟在喬依的後頭跑上山時，並沒有光顧著眷戀地望著山頂，而是直接看著前方，一次只踏出一步。只要這樣做就對了。」

「這是門規，對吧？」

蘇格拉底含笑點點頭，「現在，你最好睡一下。明天早上七點在柏克萊高中的跑道上，有特別訓練課程。」

六點十五分，鬧鐘響了，我硬拖著身子下床，把頭浸在冷水裡，做了幾下深呼吸，把臉摀在枕頭裡，尖叫一聲，好讓自己清醒過來。

我走上街道時，精神抖擻，我慢慢跑，穿越夏圖克路，跑上奧爾斯頓道，經過柏克萊青年會、郵局，然後穿過密爾維亞路，跑進高中運動場，蘇格拉底正在那兒等著。

他的特別訓練課程一開頭是半個鐘頭的蹲馬步，他在加油站裡示範過這叫人苦不堪言的蹲姿。接著他示範了一些武術基本原則，「真正的武術教導人不去抵抗，就像樹木迎風而彎腰那樣。這種態度遠比體能技術重要。」

蘇格拉底使出合氣道手法，不論我多麼努力地推他、抓他、打他甚至扭住他，他都將我撂倒，看來毫不費力。「絕對不要跟任何人或任何事物掙扎。被推的時候，要拉；被拉的時候，要推。找出自然的路徑，順勢而行，和自然的力量合為一體。」他的行動證明了他所說的話。

過沒多久，離開的時刻到了，「明天見，同一時間，老地方。今晚留在家裡，多練習練習。記住，呼吸要緩慢，慢到吹不動放在你鼻頭前的一根羽毛。」他好像穿了溜冰鞋似的，輕快地滑走。我跑回公寓，整個人很放鬆，像是一路都有風在吹著送我回家。

在體育館裡，我盡量將我所學加以應用，「任由動作發生」，而非想辦法去做動作。我在單槓上的巨幅鞦韆動作似乎是自動進行；我在雙槓上一再擺盪，跳躍，空翻而後倒立；我在鞍馬上做併腿全旋和剪刀動作時，感覺好像有鋼絲從天花板垂掛下來支撐著我，我身輕如燕。同時，我的腿終於恢復彈性了。

我和蘇格拉底在每天早上太陽一出來時碰頭，我都是跨大步走著，他則是像瞪羚似的，邊跑邊跳。我日漸放鬆，反射動作變得像閃電那麼快。

有一天，我們暖身跑步至半途時，他突然停下，臉色蒼白，我從來沒見過他那樣。

「我最好坐下來。」他說。

「蘇格拉底，你沒事吧？」

「丹，只管繼續跑，我要靜靜坐一下。」我聽他的話繼續跑，一邊不時留心他的動靜，他闔眼挺直身體坐著，神色莊嚴大氣，但人看來是老了些。

我們幾個星期以前就說好，我晚上不再到加油站去看蘇格拉底，不過當晚我還是打了電話去問他情況如何。

「教練，你還好嗎？」我問。

「好得很。」他說，「不過呢，我請了位助理代班幾個禮拜。」

第二天早上，我看到我的新助理在跑道上跑步。我簡直雀躍不已，直直奔向喬依，我想一把將她抱進懷中，然而她輕輕一摔，我就像倒栽蔥似的摔到地上。更丟臉的還在後頭，比投藍時，她贏了我；練棒球時，她擊中我投的每一個球。不管我們做什麼，比賽什麼，她的表現一律無懈可擊，使得我這個世界錦標得主自覺像隻菜鳥。

蘇格拉底交給我的功課，我照表加倍操練，專心致志修練。我每天清晨四點起床，打太極拳到天亮，然後跑步到山裡，去和喬依碰頭。對於這些額外的練習，我從未向其他人提過。

不管在課堂上還是在體育館裡，喬依的倩影時時縈繞在我心頭，我想見她，想抱著她，但是我好像得先抓住她才辦得到。目前為止，我充其量只能希望，能在她自訂的比賽中擊敗她。

兩個禮拜以後，我又和蘇格拉底回到跑道上又跑又跳，他已恢復活力了。「一定是得了流行性感冒。」他解釋說。

「蘇格拉底，」我說，一會兒跑到前，一會兒跑到後，跟他玩捉人遊戲，「有關你的日常生活，你嘴巴很緊。我一點都不知道我們不在一起時，你是什麼樣子。你怎麼說？」

他咧嘴而笑，一躍超前了三公尺左右，接著沿著跑道全速奔跑。我跟在後頭跑，直到和他的距離近得足以交談。

「你要不要回答我的問題啊？」

「不要。」他說，話題就此結束。

等我們終於做完伸展運動和靜坐練習後，蘇格拉底走到我身邊，一手搭在我肩上，說：「丹，你是個好學又聰明的徒弟，從今以後，你要自行安排你的課程計畫，根據需要做練習。而我要給你一點額外的東西，這是你該得的。我要教你做體操。」

我不禁大笑了起來，「你要教我做體操？蘇格拉底，我看你這一次真是太誇張了。」我很快跑到草地上，當場來個側翻動作、一個後手翻，還有一個高空翻加兩周轉體。

蘇格拉底走到我身旁，說：「我承認，你比我厲害。」

「萬歲！」我喊道，「總算給我發現我會做而你不會做的事了。」

「不過呢，我注意到一件事。」他又說，「你準備做轉體動作時，手臂應該再多伸出去一點，喔，還有，你一開始的時候，頭太往後仰了。」

「蘇格拉底，你這個吹牛大王……不，你說得對。」我說，領悟到我的頭的確是太往後仰，手臂的確需要再伸出去。

「等我們稍微修正好你的技巧後，再來調整你的姿勢。」他補充說，接著話鋒一轉，「體育館見。」

「可是，蘇格拉底，我本來就有教練了，而且我不知道其他體操隊員會不會不喜歡你在體操教室附近走來走去。」

「哦，你一定會想出一個好理由跟他們說。」

當天下午在練習前的隊員集合中，我向教練和隊友說，我性情古怪的祖父遠從芝加哥來，要待一兩個禮拜，他想來學校看我，「他其實是很不錯的老先生，蠻有活力的，老以為自己是個很棒的教練，只要各位遷就他一點——他有點瘋瘋癲癲的，如果你明白我的意思——我敢講他不會妨礙到我們的練習。」

大夥都沒有異議。「哦，對了。」我補充：「他喜歡別人叫他瑪麗蓮。」我拚命克制笑意。

「瑪麗蓮？」每個人都邊笑邊複述。

「對呀，我曉得是有點詭異，可是等各位見到他就明白了。」

「米爾曼，說不定見到活生生的『瑪麗蓮』，會有助於讓我們了解你，人家都說這是會遺傳的。」大夥哄堂大笑，做起暖身運動。蘇格拉底這一回要進入我的地盤，不曉得他會不會喜歡他新的綽號。

今天，我計畫給全隊一個小小的驚喜。我在體育館中一直保留著實力，他們並不曉得我已經完全復原了。我提早到達，走進教練的辦公室，我說話時，他一直忙著翻閱散落在桌上的文件。

「教練，」我說，「我想參加小組比賽。」

他從眼鏡上方盯著我看，用同情的語氣說：「丹，你還需要半年才能復原、才能參賽。等你畢業以後，再參加奧運選拔賽吧。」

我將他拉到一旁，低聲說：「我今天已經準備好了，就是現在！我一直在體育館外作額外的練習。」

「丹，你沒機會的，我很抱歉。」

隊友們一齊在小小的體操教室裡做暖身運動，擺盪、翻滾、跳躍、倒立，一樣一樣來，我站在場邊旁觀。

接著是第一個項目——地板運動。大家的表現看來都不錯，他們正準備進行下一個項目時，我站出來，走到地板的運動墊上，開始做我的例行動作。

一切都很順利：兩周後空翻、流暢的倒立，我保持輕快的節奏，表演帶有舞蹈元素的動作和自創的轉體動作，而後是一個比天高的翻騰動作，接著是最後的空中連續動作。我輕盈著地，一切都控制得很完美。這時我才聽到口哨聲和掌聲，席德和喬許驚訝得面面相覷，「這新面孔是打哪來的？」「嘿，我們得把他簽進隊上唷。」

下一個項目。喬許先上吊環，接著是席德、恰克和蓋瑞輪流上場，最後輪到我。教練還在懷疑我在方才那個項目怎能表現得那麼漂亮，所以這會兒猛盯著我。我調整一下護手，確定手腕上的膠帶很牢固，然後跳上吊環。喬許幫著我穩定好擺盪的身子，便退開到一旁。我的肌肉在抽動，等著發揮作用，我深吸一口氣，往上一拉，整個人便頭下腳上地懸吊在空中，接著我慢慢地拉著身體，用力將身體撐成鐵十字。

我做著流暢的擺盪動作，先是向下，接著又向上做正面擺上動作，聽見底下窸窸窣窣的聲音。我慢慢地做出倒立動作，手臂和身體都是筆直的，「哎呀，真是天殺的見鬼囉。」教練說，我從來沒聽他用過這麼強烈的字眼。我從倒立的姿勢恢復正常，輕快做了個大擺盪，然後停下來，身體一動也不動。最後，我表演了個高空兩周空翻，著地，腳只挪動了一小步。我的表現還不壞。

我繼續表演其他動作，做完最後一項後，再度被報以喝采聲和驚喜的大叫聲，這時我注意到蘇格拉底正靜靜坐在角落裡，一臉微笑，想必他把一切都收進眼底了。我揮手請他過來。

「各位，讓我來介紹一下我祖父。」我說，「這是席德、湯姆、賀柏、蓋瑞、喬爾、喬。各位，這位是……」

「瑪麗蓮，幸會。」他們異口同聲說。有極短的一瞬間，蘇格拉底面露困惑之色，不過馬上就說：「大家好，幸會。我想看看丹都跟什麼樣的人攪和。」他們都咧嘴微笑，說不定覺得這老先生蠻可愛的。

「希望大家不要見怪，我居然叫瑪麗蓮。」他不經意地說：「我的本名叫馬利爾，別人卻老愛叫我的綽號。丹有沒有跟你們講過他在家裡的小名？」他吃吃笑著。

「沒有。」他們帶著渴望的語氣問：「叫什麼呢？」

「嗯，最好還是別說的好，我可不想害他難為情。他若是願意的話，隨時都可以告訴你們。」蘇格拉底這老狐狸看著我，嚴肅地說：「丹，沒什麼好覺得丟臉的。」

結果大家走開時，紛紛對我說：「再見啦，蘇珊。」「再見啦，約瑟芬。」「再會囉，潔若婷。」

「喔，真是的，看你惹了什麼禍，瑪麗蓮！」我走向淋浴間。

那禮拜接下來的時間，蘇格拉底無時無刻不在觀察我，他偶爾會看看其他隊員，指點一下，他的建議很高明，似乎每回都很管用。我很驚訝他竟然懂得這麼多，他對別人始終都很有耐性，但對我的耐性就少多了。有一回我在鞍馬上做出我歷來最佳的表現，做完動作後，我開心地走開，解開手腕上的膠布。蘇格拉底示意我過去，說：「那套動作看來是不錯，但是你解開膠布時，卻一副邋遢相。別忘了，時時刻刻都要頓悟。」

我做完單槓動作後，他說：「丹，你仍然需要冥想你的行動。」

「冥想我的行動，這話怎麼說？」

「冥想一個行動有別於從事這個行動。所謂做事，其中必定有個做這件事的人，得有個自覺的『某人』來從事這個行動。但是在冥想一個行動時，你就已經放下對結果的執念，當中再也沒有一個『你』要去做什麼。你一旦忘了自己，就變成你所做的事物，因此你的行動就自由、自動自發了，同時不再有野心、抑制或恐懼。」

就像這樣，他注意著我臉上的每一個表情，傾聽我每一番言論。

有些人聽到我已經復原。蘇西自不例外，還帶著她的兩位新朋友，蜜雪兒和琳達一起來看我。琳達立刻吸引我的目光，她身材苗條，一頭紅髮，標致的臉蛋上戴著一副眼鏡，身上穿了件樣式簡單的洋裝，曲線玲瓏。我很想再見到她。

隔天，練習的情況叫人失望，不管我做什麼，好像都不大順利。蘇格拉底叫我過去跟他一同坐在護震墊上，「丹，」他說：「你達到很高的技術水準，你是體操高手。」

「蘇格拉底，謝謝你。」

「這並不是讚美。」他轉過頭來，正對著我，「高手畢生致力於修練，目的是要贏得比賽。但有朝一日，你說不定可以成為體操大師。大師把修練奉獻給生命。」

「蘇格拉底，這我了解。你跟我講過好幾……」

「我知道你了解。我是要告訴你，你尚未體會到這一點，尚未實行。你始終在為一些新的體能技巧而沾沾自喜，如果有哪天練得不順，就又悶悶不樂。不過，一旦你超越了修練，集中心思盡最大的努力，卻對結果沒有執念，那時你就會了解寧靜戰士之道。」

「但我要是不在意結果，又何必費這麼大的功夫呢？」

「我並沒叫你不在意，那太不切實際了，但是門規揭露出一件事：你可以控制你的努力，卻無法左右結果。盡你所能，其他的就交給上蒼。」他補充說：「我不會再來體育館了，從今天起，想像我就在你體內，注視並矯正每項錯誤，不管那錯誤有多麼渺小。」

緊接著數週，生活步調十分緊湊，我一早六點起床，先伸展全身筋骨，打坐，然後才去上課。我快速又輕鬆地完成作業，接著什麼事也不做，就坐著半個鐘頭左右，再去練體操。

在那段期間，我開始和蘇西的朋友琳達交往。我被她吸引，但沒有時間和精力與她更進一步，只是在練體操的前後，和她聊一會兒，如此而已。我在每天練習的空檔裡，時常想到她，然後想到喬依，接著又想到她。

我一次又一次有新的突破，隊上對我的能力越來越有信心，人人都看得出來，我不光只是復原了而已。雖然體操不再是我生活的中心，卻仍佔有重要的地位，因此我全力以赴。

我和琳達約會了幾次，兩人相當投合。有天晚上，她來找我談一個私人問題，結果留下來過夜，我們那晚十分親密，但是並未逾越我的修練所容許的範圍。我對她的情意與日俱增，速度之快，甚至嚇到我自己。我的計畫裡面並沒有她，可我還是越來越被她所吸引。

我覺得自己對喬依「不忠」，但我從來就不曉得這神祕的少女何時會再現身，又到底會不會現身。喬依是理想的典範，在我的生命裡飛進飛出。琳達則是真實、溫暖、柔情蜜意的，而且，就在我的身邊。

一週又一週過去，隨著將在亞利桑那州吐桑市舉行的一九六八年全國大學錦標賽越來越接近，教練也越來越興奮、謹慎和緊張。如果我們贏了，將是我們的大學頭一回摘下錦標，而教練則將實現二十年來的目標。

沒過多久，我們就已脫穎而出，和南伊利諾大學展開三天的對抗賽。錦標賽最後一晚，加大和南伊大在體操史上最激烈的比賽中勢均力敵，剩下三個項目要進行，南伊大領先三分。

這是關鍵時刻，我們要是實際一點，大可認命，拿到亞軍也蠻體面的；要不然，就是得迎向不可能的任務。

我要挑戰不可能的任務，感覺著我的氣勢正旺。我向全隊宣佈：「我既然已經東山再起，可不願意白白走這一遭。我們已勝利在望，我打從心底這麼覺得，我們努力幹活吧！」我的話很平常，但無論我所感受到的是什麼，它就像電流，激發了每一位隊員的力量。

彷彿一陣浪潮，我們逐漸增加動力，隨著每位隊友的上場，那股動力益發快速增長，益發強大。先前幾乎快昏昏欲睡的觀眾，也逐漸興奮得騷動起來，紛紛在座位上向前傾身。人人都感覺得到，有什麼正在發酵。

南伊大顯然也感受到我們的力量，因為他們開始在做倒立時顫抖，在著地時失誤。但是到最後一個項目展開前，他們仍然領先整整一分，而單槓一直是他們的強項。

最後，加大就只剩兩名選手——席德和我。觀眾鴉雀無聲，席德走向單槓，往上一跳，做了一套令我們屏息的動作。他以一個兩周空翻為整套動作畫下句點，其高度之高是體育館內沒有人見過的。觀眾簡直瘋狂了。而我是隊中最後一位上場者——是最後一棒，是壓軸。

南伊大最後一位選手表現得可圈可點，他們的成績幾乎是無法趕上的，不過我所需要的，正是這個「幾乎」。我必須拿下九點八的成績，才能打成平手，但是我從來就沒拿到過與這個分數相差不遠的分數。

我的最終考驗終於到來，往事一幕幕浮現心頭：我腿骨斷裂時那痛苦的一夜、我發誓一定要復原、醫生勸我放棄體操、蘇格拉底以及我連續不斷的修練、在雨中沒完沒了的跑步，直奔山巔。我感到一股越來越強的力量，一陣憤怒湧來，我對那些說我永遠不能再表演體操的人感到生氣。我的激情轉變為冰雪般的冷靜情緒，就在那一刻，我的命運和未來似乎達成平衡，我心智清明，情緒洋溢著力量。不做，就是死。

我帶著這段時間以來在小加油站學到的精神和專注力，走近單槓。體育館內聽不到半點聲響，寂靜的時刻，關鍵的時刻。

我緩緩把石灰粉抹在手上，調整護手，檢查腕帶。我走向前，向裁判行禮，面對著主審裁判時，我的眼神發亮，傳達出一個簡單的訊息：「以下將是您見過空前的最佳體操動作。」

我縱身一躍，上了單槓，雙腿往上抬，先做了一個倒立，然後開始擺盪，體育館裡唯一的聲音，就是我雙手在單槓上轉動發出的聲響，我騰躍、扭轉，放手，迅即又抓住閃亮的單槓。

除了動作以外，其他什麼都沒有。沒有海洋，沒有世界，沒有星辰，只有單槓和一個沒有心智的表演者。不久，連這兩者也融進單一的動作當中。

我加進一個以前從未在競賽中做過的動作，繼續表演，超越我的極限。我一再擺盪身體，越盪越快，準備以一個屈體兩周空翻來下槓落地。

我繞著單槓快速擺動，準備放手以飛進空中，讓自己在命運女神的手上飄浮、轉動，這是我自己選擇的命運。我雙腳猛然一踢，身體轉了一圈，又一圈，然後又一踢，伸展身體，準備著地，關鍵時刻來臨了。

我著地的動作無懈可擊，落地聲在場中迴盪。一片寂靜……九點八五分！我們拿下冠軍錦標！

教練不知從哪裡跑了出來，抓住我，拚命和我握手，興奮到說什麼也不肯放開我的手。隊友們又跳又叫，團團將我圍住，擁抱我，有幾個隊友雙眼含淚。這時我聽到遠遠傳來如雷的掌聲，越來越響亮。在頒獎典禮上，我們幾乎無法壓抑興奮之情。我們徹夜慶祝，一再追述賽程的種種，直到早晨。

然後，一切就結束了。等待已久的目標達成了，到了那當頭我方才領悟到，掌聲、分數和勝利都不再一樣了。我改變了很多；我對勝利的追求總算結束了。

當時是一九六八年的早春，我的大學生涯即將結束。接下來會怎樣，我一無所知。

我在亞利桑那向隊友告別，搭上飛機時，覺得很麻木。我飛回柏克萊，回到蘇格拉底，還有琳達那裡。我茫然看著底下的雲層，喪失了企圖心。這些年來，我一直靠著一個幻象支撐自己，這個幻象就是，從勝利中獲得快樂。而今幻象已燃成灰燼，我的種種成就卻沒有使我變得快樂一點、充實一點。

我終於看穿了雲層，看到自己始終沒有學會如何樂在生活，而只會追逐成就。我終生都在追尋幸福，卻始終找不到。

飛機開始下降，我靠回枕頭上，淚眼矇矓。我覺得自己走到了死胡同，不知該轉向何方。

「但我要是不在意結果，又何必費這麼大的功夫呢？」

「我並沒叫你不在意，那太不切實際了，但是門規揭露出一件事：你可以控制你的努力，卻無法左右結果。盡你所能，其他的就交給上蒼。」

6 超乎心智的喜樂

我拎著行李，直接去找琳達。我一邊親吻她，一邊告訴她我們奪魁的事，不過並沒跟她講起我幻滅的心情。這時，蘇格拉底的形影浮現心頭，我猝然對琳達說，有事得趕到別的地方。

「已經過了午夜，還有事？」

「對。我有位……朋友，是男的，他是上夜班的。我真的得走了。」我又親了她一下，隨即離開。

我走進辦公室，手上還提著行李。

「要搬進來呀？」他問。

「進來，出去……蘇格拉底，我不知道自己在做什麼。」

「嗯，你在錦標賽上顯然知道自己在做什麼，我看到了體育版的新聞。恭喜，你一定很開心。」

「蘇格拉底，你很清楚我現在的感受。」

「可想而知。」他輕鬆地說，一邊走進修車房，去修理一輛老福斯車的變速器，「你正在進步，一切都跟進度配合得恰恰好。」

「很高興聽你這麼講。」我無精打采回答，「可是，進度的目標是什麼？」

「目標是大門哪！要得到超乎常情的快樂呀！要達到你以前並不知道、卻是你唯一擁有的真正目標。如今時候到了，你應該放掉你的心智，再度醒悟過來、恢復知覺。」

「再度？」我問。

「哦，是的。你曾經沐浴在光明之中，曾經在最簡單的事物中找到喜樂。」說完，他雙手抱住我的腦袋，送我回到嬰兒時代——

我爬在磁磚地板上，雙眼睜得老大，專注凝視我雙手底下的形體和色彩。我碰一塊地毯，地毯也碰碰我。萬事萬物都明亮而有生氣。

我的小手抓著一根調羹，敲打著杯子。叮叮噹噹的，聽來好悅耳，我使勁叫嚷！接著我抬頭，看到在我上方飄揚的裙子，我被抱起來，發出咕嚕咕嚕的聲音。我沐浴在母親的香氣中，全身放鬆地躺在她懷裡，心中洋溢幸福的感覺。

過了一段時間，我爬進花園，沁涼的空氣拂過我的臉龐。五顏六色的花朵高聳在我四周，我被新的氣味所圍繞。我摘下一朵花，咬了一口，嘴裡一陣苦味，我把花吐出來。

母親來了。我伸出手，給她看在我手上動來動去的那個黑玩意，它正搔我的癢。她伸出手，掃開那東西，「討厭的蜘蛛！」她說，然後拿著一個軟軟的東西輕拂我的臉，它在對我的鼻子講話呢，「玫瑰。」她說，接著又發出同樣的聲音，「玫瑰。」我抬頭看她，再看看周圍，隨即又飄進芳香四溢、色彩繽紛的世界中。

我醒來時，正面朝下趴在蘇格拉底的黃色地毯上。我抬頭，凝視著他的橡木老書桌的桌腳，眼前此刻，一切似乎都朦朦朧朧的。「蘇格拉底，我覺得自己半睡半醒，好像需要把頭浸在冷水裡，才能清醒過來。你確定剛才這趟旅程沒有對我造成傷害嗎？」

「丹，沒有。傷害是多年來造成的，你馬上就會看到造成傷害的方式。」

「那個地方，我祖父家的花園，好像伊甸園。」

「是的，的確是伊甸園。每個嬰兒都活在明亮的花園中，直接了當地感受一切，不受任何思緒的欺瞞，沒有信念，沒有詮釋，而且不下判斷。」

「你開始思考，開始替事物命名並知曉事情時，就『墮落』了。要知道，墮落的不只是亞當、夏娃，而是我們所有的人。心智的誕生就是感官知覺的死亡，才不是什麼我們吃了一顆蘋果，所以變得有點性感的那回事咧！」

「但願我能回到過去。」我感嘆道，「那裡是那麼明亮，那麼清澈，那麼美麗。」

「你在孩提時代有過的樂趣，是可以再度擁有的。拿撒勒的耶穌，這位偉大的戰士說過，要進入天國，得先像小孩一樣。」蘇格拉底沉吟半晌，又說：「明天早上八點到植物園跟我碰面，我們也該去大自然健行了。」

我睡了幾個鐘頭後醒來，覺得神清氣爽，心情興奮。說不定就是今天，說不定是明天，我就要發現感官的奧祕了。我慢跑進入草莓峽谷，在植物園入口處等候蘇格拉底。他到了以後，我們大步走在大片大片的綠野間，那裡有各種想像得到的樹木、灌木、植物和花朵。

我們走進一間巨大的溫室，空氣溫暖而潮濕，跟外頭冷冽的早晨空氣剛好形成對比。蘇格拉底指著高聳在我們上方的熱帶樹葉，「你還是個孩子時，世界上的一切都會像破天荒頭一遭那樣地赫然出現在你的眼睛、鼻子和觸覺前面。可是如今你得知每樣東西的名字，還把它們分類：『那個好，那個不好，那是張桌子，那是把椅子，那是輛車子、是間房子、是朵花、是狗、貓、雞、男人、女人、日出、海洋、星星。』事物越來越令你煩厭，因為對你，它們都只是名稱而已。心智中枯躁的概念蒙蔽了你的知覺。」

蘇格拉底大幅揮動手臂，指向高聳在我們頭頂上方的棕櫚樹，這些棕櫚幾乎碰觸到圓頂的樹脂玻璃天篷。「如今你透過一層薄紗去看萬事萬物，那層面紗是和事物有關的聯想，投射覆蓋在直接、簡單的覺察力之上。你『什麼都看過了』，就好像同一部電影看了二十遍，你只見到對事物的記憶，所以感到厭煩，陷落在心智當中無法動彈。因此，你得先『放掉心智』，才能恢復知覺。」

第二天晚上，我走進辦公室時，蘇格拉底已在爐上燒開水，我小心翼翼脫好鞋，放在沙發底下的墊子上。他背對著我，說：「怎麼樣？來進行個小比賽吧。你呢，表演一個特技，我也表演一個，看誰贏。」

「嗯，你真想這樣做的話，那好吧。」我不想令他難堪，所以只在桌上用單手倒立幾秒鐘，然後站好，做了個後空翻，輕盈地落在地毯上。

蘇格拉底搖搖頭，一副我令他士氣大消的模樣，「我還以為這場比賽會勢均力敵咧，現在看起來，才不是這麼回事。」

「蘇格拉底，對不起，可是說到底，你不年輕了，而我在這方面又有專長。」

「我的意思是，」他咧嘴笑著說：「你啊，毫無勝算。」

「什麼？」

「看我的囉。」他說。我注視著他慢慢轉身，慎重小心地走進洗手間，我往前門挪動兩步，以防他又拿著武士刀跑出來，可是他出來時手上只端著馬克杯。他在杯裡倒了水，對我淺淺一笑，舉杯作出敬酒的樣子，然後慢慢喝著水。

「嘎？」我說。

「就這樣。」

「就這樣？你什麼也沒做啊。」

「啊，我做了呀，你就是沒有眼光來欣賞我的本領。我之前就感覺到我的腎臟裡頭有輕微的毒素，再過幾天，毒性可能就會開始影響整個身體，所以我在還沒有症狀出現以前，就找到問題所在，把腎裡的毒素排出去了。」

我不禁放聲大笑，「蘇格拉底，你真是我見過最舌粲蓮花的大騙子。認輸吧，你在吹牛。」

「我是非常認真的，我剛才描述的這段過程的確發生了。這需要對內在能量十分敏感，並且能隨意控制幾種微妙的機制。」

「你呢，卻相反。」他說，一邊用鹽搓揉患處，「你只是模糊地覺察到你那副皮囊裡頭正進行的事情。你就像一個剛學會倒立的平衡桿表演藝人，還不夠敏感，無法偵測到自己何時將失去平衡，而且你仍然有『病倒』的可能。你所擁有的體操技能，只讓你培養出粗糙的覺察力，使你足以表演許多動作花樣，卻不足以為傲。」

「蘇格拉底，被你這麼一講，三周空翻都變得平凡無奇了。」

「本來就沒什麼好嘖嘖稱奇的，那不過是一項需要花時間練習的特技而已。然而，你一旦能感覺到體內能量流動的情形，這才值得稱奇。所以，丹，繼續練習。每天都要稍微磨練一下你的感官知覺，像你在體育館伸展筋骨時那樣，舒展你的知覺。這樣到最後，你的覺察力會穿刺、深入你的身體，深入這個世界。那時，你自然會少用思考，多用感覺，如此一來你就能從生活中最簡單的事物得到樂趣，再也不會沉迷於成就或昂貴的娛樂中無法自拔。下一回，」他笑著說：「或許可以來場真正的比賽。」

我們靜靜對坐了一會兒，然後到修車房去，我幫蘇格拉底把一輛福斯汽車的引擎拉出來，拆卸另一具故障的變速器。後來我們回到辦公室時，我問蘇格拉底認不認為有錢人比「像我們這樣的窮鬼」來得快樂。

照慣例，他的回答令我震驚，「丹，說實話，我變富有的，人一定要變得富有才會快樂。」他看到我呆若木雞的表情，微微一笑，從桌上拿起一支筆，在一張乾淨的白紙上寫下：

$$快樂=\frac{滿足}{欲望}$$

「只要你有足夠的錢來滿足你所有的欲望，你就是富有的。因此，有兩個辦法可以讓人變得富有：一種是賺取、繼承、借貸、乞討，甚至是偷竊足夠的錢來滿足你所有的欲望；另一種是，清心寡欲，生活簡單，如此一來，你永遠都會擁有足夠的錢。

「寧靜戰士有洞見和戒律，因而得以選擇簡單的生活，得以明白需求跟欲求的不同。我們只有很少的基本需求，卻有無窮盡的欲求。全神貫注於每一時刻，就是我的喜樂。全神貫注用不著花錢，你唯一的投資是修練。丹，這正是當戰士的另一個好處，便宜多了！要知道，快樂的祕密並不在於尋求更多想要的，而是在於培養少欲的能力。」

我傾聽他所編織的魔咒，心中一片滿足。這其中並無複雜之處，沒有迫切的追尋，沒有非辦不可、攸關生死的事。蘇格拉底向我揭示了，覺察就是寶藏。

他突然抓住我兩側腋下，把我舉了起來，向上拋，拋得如此地高，我的腦袋都快撞到天花板了。我往下掉時，他出手幫忙緩和我落下的速度，讓我腳落地，「這只是想確定你有足夠的注意力來聽我下面要講的話。現在是什麼時間了？」

「呃，兩點三十五分。」

「錯了。從以前、現在到未來，永遠都是當下這一刻！當下這一刻就是時間，時間就是當下這一刻。清楚了嗎？」

「嗯，是的，清楚了。」

「我們在哪裡？」

「我們在加油站的辦公室裡，欸，我們不是很久以前就玩過這遊戲了嗎？」

「沒錯，而你學到的是，你唯一所能確知的事情就是，你在這裡，不管這個這裡究竟是在何方。從今以後，只要你的注意力開始飄到別的時空去，你就得給我馬上回來。記住，時間就是當下這一刻，地方就是這裡。」

就在這時，有個大學生闖進辦公室，拖著他一位朋友，「我簡直不敢相信！」他對他的朋友說，一邊指著蘇格拉底，然後說：「我走在路上，經過這裡時看了一眼，結果看到你把那傢伙拋到天花板上。你究竟是誰呀？」

看來蘇格拉底的廬山真面目即將曝光了。他茫然地看著這個學生，然後大笑，「哦，」蘇格拉底又笑了，「哦，好得很！沒什麼啦，我們只是在做運動，打發打發時間。這位是丹，他是體操選手，丹，我沒說錯吧？」我點點頭，那學生的朋友說他記得我，他看過兩三次體操賽。蘇格拉底的說法越聽越可信。

「這桌子後面有個小彈簧床。」蘇格拉底走到書桌後，叫我大吃一驚的是，他居然在無形的迷你彈簧床上，一彈一跳起來，他彈跳得如此流暢，我簡直要以為桌後真有彈簧床咧。他越跳越高，等到頭都快碰到天花板了，才跳得稍低一點，他就這樣上上下下地彈跳，最後停下來，欠身為禮。我鼓起掌來。

這兩人雖然一臉迷惑，還是滿意地走了。我跑到書桌另一側，那兒當然沒有什麼彈簧床。我歇斯底里笑了起來，「蘇格拉底，你真是讓人不可思議呀！」

「沒錯。」他說，他從來就不故作謙虛。

此時，天邊已微露曙光，我和蘇格拉底準備離開。我拉上外套的拉鍊，覺得這一天的黎明對我彷彿具有象徵意味。

我走路回家，想到逐漸顯現出來的改變，外表看不大出來，而是內在的。我感覺到一種嶄新的清明狀態，看清自己的路在哪，要務是什麼。我終於不再期待世界來滿足我，放下期待的心後，我的失望就消失了。當然，我會繼續去做生活在這日常世界裡該做的事，可是是按我自己的條件去做。儘管我過的是平凡的生活，但我已逐漸嘗到一種奧妙、徹底的自由。

我和蘇格拉底的關係也產生了變化，首先，我需要捍衛的幻象減少了。他叫我笨蛋時，我光笑不還嘴。因為好歹就他的標準而言，他這樣叫我並沒錯。同時，我也很少再被他嚇到了。

我走回家的路上，經過赫瑞克醫院時，忽地有隻手抓住我的肩膀，我像隻不想被人輕拍的貓兒一樣，本能地一縮，讓開。我轉身，看到蘇格拉底正咧嘴對我笑。

「啊，你再也不會那麼緊張兮兮了。」

「蘇格拉底，你來這裡有何貴幹呀？」

「來散個步。」

「嗯，有你作伴挺好的。」

我們默不作聲，走了一兩條街，然後他開口問：「現在是什麼時間？」

「哦，大約……」這時我突然發覺有詐，「大約是當下這一刻。」

「我們在哪裡？」

「在這裡。」

他沒有再說什麼，我有點聊天的興致，便跟他講起我新感受到的自由，以及我未來的計畫。

「現在是什麼時間？」他問。

「當下。」我嘆口氣，「你不必一直……」

「我們在哪裡？」他以無辜的語氣問。

「這裡，不過……」

「你要真的了解這一點。」他打斷我，「你做什麼都無法改變過去種種，而未來種種又永遠不會完全如你所期望。從來就沒有過去的戰士，也不會有未來的戰士，戰士活在當下、這裡！你的悲傷、你的恐懼和憤怒、遺憾和內疚、你的羨慕、計畫和渴望，只存活於過去或未來之中。」

「蘇格拉底，稍等一下。我清楚記得自己曾在當下的時刻生氣過。」

「並非如此。」他說：「你的意思是，你在當下那一刻表現得很生氣。行動總是在現在這一刻發生，因為行動是身體的表達方式，只能存在於當下、這裡。但是心智卻如幽靈，只活在過去或未來，它唯一的力量就是，轉移你對當下這一刻的注意力。」

我彎下腰繫鞋帶，感覺到有什麼在探觸我的太陽穴。

我繫緊鞋帶，站好，發覺自己獨自站在一間沒有窗戶的發霉舊閣樓裡。在昏暗的光線中，我辨認出房間一角有兩三只舊衣櫃，像直立的棺木。

霎時，我寒毛直豎，覺得又冷又怕。除了自己的心臟跳動聲外，我聽不到一點聲響，別的聲音都被死寂的空氣抑制住了。我試著踏出一步，注意到自己站在五芒星裡面，星星是紅褐色的，漆在地板上。我更仔細地打量，這紅褐色的顏料，是乾掉或正逐漸變乾的血。

我聽到身後有什麼在厲聲笑著，那笑聲是那麼令人噁心，那麼令人害怕，我不得不嚥下嘴裡逐漸浮起的金屬味。我不加思索，轉身，迎面是頭醜惡畸形的怪獸。牠在我臉上噴著氣，陳年死屍那種叫人作嘔的怪味向我撲天蓋地襲來。

牠那醜怪的臉頰向後拉扯，露出了烏黑的尖牙。接著牠說：「走─向─我、我、我……」我覺得不能不服從，但是本能阻止了我，我站在原地沒動。

牠氣得咆哮，「孩子們，抓住他！」角落的衣櫃開始緩緩朝我移動，打開，露出令人作嘔的人類腐屍，它們走出衣櫃，不斷前進。我在五芒星內狂亂地迴旋打轉，想找到逃亡藏身之處。這時，我身後的閣樓門打開，一位少女踉蹌走進房間，身子一歪，正好倒在五芒星之外。

門還是半開著的，流進一長條的光。

她長得很標緻，身著白衣。她似乎有哪裡不舒服，不斷呻吟，並以低微的聲音說：「救救我，請救救我。」她兩眼含淚，哀求著，其中卻帶有某種感激、報答和不可抑制的欲望意味。

我注視著逐漸逼近的腐屍，注視著這個女的和門口。

這時，那感覺出現了：「留在原地，五芒星就是當下這一刻。在那裡，你是安全的。惡魔跟他的手下是過去，門是未來。當心了。」

就在這時，女孩再次呻吟，身子一滾，仰躺在地上。她的衣服向上撩起，露出一條腿，幾乎到達腰際。她向我伸出手，哀求著，誘惑著，「救救我……」

我沉醉在欲望中，衝出五芒星。

女孩露出血紅的尖牙，向我咆哮。惡魔跟他的手下發出勝利的叫聲，朝我撲過來。我衝向五芒星……

我在人行道上縮成一團，渾身發抖，抬頭看著蘇格拉底，他說：「如果你休息夠了的話，還要不要再走下去？」有些晨跑者經過我身邊，臉上露出好笑的神情。

「你每次想跟我證明某種論點時，都非得把我嚇個半死不可嗎？」我結結巴巴地說。

「只有在論點很重要的時候。」

我沉默了好一會兒，才羞怯地問：「你不會有那女孩的電話號碼吧，有沒有呀？」蘇格拉底拍了自己的前額一下，翻個白眼。

「我想，你已經掌握那齣小話劇的重點了吧。」

「是啊，留在當下，這樣比較安全。不要為有尖牙的人走出五芒星。」

「說得對。」他咧嘴而笑，「別讓任何人、任何事物，更別說是你自己的思緒，把你帶離開當下。你想必聽過兩個和尚的故事吧！

兩個一老一少的日本和尚在雨林中，沿著一條泥濘的小路走回寺院。他們遇見一位佳人，無助地站在湍急、混濁的激流旁邊。

老和尚看到她的困境，便用強壯的臂膀一把將她抱起，抱著她過了河。她攬著他的脖子，向他微笑，到了對岸後，他輕輕將她放下。她欠身為禮，向他道謝。兩位和尚繼續默默趕路。

快到寺院門口時，年輕的和尚再也忍不住，「您怎麼可以把美女抱進懷裡？這種行為似乎有違和尚清規。」

老和尚看著他的同伴，答道：「我在那裡就把她放下了，你還抱著她嗎？」

「看來還有很多功課等在後頭。」我嘆道，「我還以為已經達到一定成績了。」

「你的要務不在於達成什麼，而是待在**當下此處**。但是你除了在作空翻和被我困擾時之外，仍舊多半活在過去或未來中。如果你想要得到機會找到大門，現在就得洗心革面。大門就在這裡，就在你眼前；現在，張開你的眼睛吧！」

「可是該怎麼做呢？」

「丹，只管專注於當下就行了，這能使你得到解脫，免於痛苦，免於恐懼，免於心智束縛。思緒接觸到當下時，就消散了。」他舉步想要離開。

「蘇格拉底，等等。走之前，請告訴我，你是不是故事裡的老和尚，也就是抱女人的那位？聽來很像是你會做的事。」

「你還抱著她嗎？」他大笑，迅速走開，消失在轉角處。

我慢跑完最後幾個街區，回到家，沖了澡，進入甜蜜的夢鄉。

起床以後，我出門散步，繼續用蘇格拉底建議的方式冥想，將注意力逐漸集中於當下這一刻。我好像又變成了小孩，世界在我面前越來越清晰，我逐漸恢復感官知覺。雖然時值五月多霧的天氣，天空卻似乎變得更明亮了。

我沒對蘇格拉底提到琳達，基於同樣的理由，也沒對琳達提起蘇格拉底，他們分屬於我生活中不同的層面。況且，我感覺得到蘇格拉底對我的內在修練的興趣，可比對我的世俗關係的興趣大多了。此時琳達已經從大學輟學，搬到洛杉磯找工作。

一週又一週過去，上課情況很順利，不過我真正的課堂是在草莓峽谷，我像風似的在山間奔跑，渾然忘了距離長短，只管和長耳大野兔賽跑。有時我會停下，在樹下靜坐，或只是聞一聞由腳底下那閃爍的海灣上吹拂而來的清新和風。我會坐上一個鐘頭，望著瀲灩的波光或頭頂飄過的雲朵。

我已從過往的種種「重要目標」中解脫，如今僅剩下一個目標：那扇大門。有時在體育館裡，就連這個目標也被我遺忘，我渾然忘我地盡情施展身手，在彈簧床上高高躍進空中，迴旋、轉身，懶洋洋地飄浮，接著突然做個兩周空翻，再衝向空中。

儘管我和琳達分隔兩地，我們仍然兩天就通一次電話，培養親密的感情。在同一段日子裡，我沒有真的見到喬依，她要嘛從陰影中走出來，要不就在夢中露面。但是她的倩影時時浮現在我眼前，並露出慧黠的笑容，直到我再也分不清楚我到底要什麼，又想要誰。

然後，就在不知不覺中，大學最後一年即將畫下句點。最後一次期末考不過徒具形式，我在熟悉的藍色薄子上寫著答案，欣然看著藍色墨水從筆尖流出，心底明白我的生命已然改變。就連紙上的分行線看來也像藝術品，各種意念毫不緊張、無關緊要地自我腦中泉湧而出。然後一切就結束了，我完成了大學教育。

我帶了新鮮蘋果汁到加油站，和蘇格拉底一起慶祝。我們坐著啜飲果汁時，我的思緒又飄進未來。

「你在哪裡？」蘇格拉底問：「現在是什麼時候？」

「我在這裡，在當下。但是我目前的現實狀況是，我需要找份工作，有沒有什麼建議？」

「有的，想做什麼就去做什麼。隨心所欲，相信你的本能。」

「聽起來不是很有幫助喔。」

「你做什麼並不重要，重要的是，做得有多好。哦，對了。」他補充說，「喬依這個週末要來。」

「太棒了！這禮拜六去野餐，你看怎麼樣？約上午十點好不好？」

「好，到時在這裡碰面。」

我向他道了晚安，走進晨星點點而涼爽的六月凌晨。我從加油站出來，走到轉角處時，時間正是一點半。有什麼讓我轉過身，抬頭看著屋頂。他站在那裡，那影像許久以前我也看過，他文風不動，仰望夜空，有一團柔和的光芒籠罩著他。雖然他離我有二十公尺遠，說話又很輕柔，我仍聽得到他的聲音，好像他就在我身旁，「丹，過來。」

我很快走回去，及時看到蘇格拉底從陰影中出現。

「今晚你走以前，還有最後一樣東西應該要看看。」他兩根食指直探向我雙眼，碰了我的眉毛上方一下。接著他走開來，直直向上一躍，落在屋頂上。我目瞪口呆地站在那兒，不敢相信方才所見所聞。蘇格拉底跳下來，落地時幾乎靜悄無聲，「祕密就在於，」他咧嘴而笑，「非常強健的腳踝。」

我揉揉眼睛，「蘇格拉底，剛才是真的嗎？我的意思是，我是看到了沒錯，可是之前你摸了我的眼睛一下。」

「丹，真實沒有明確的分界，地球並非密實的固體，而是由分子和原子所構成，它們是充滿著空間的小宇宙。只要你睜開你的眼睛，地球便是一個有光、有魔力的謎樣所在。」

我們互道晚安。

禮拜六總算來臨了。我走進辦公室，蘇格拉底自座位上起身。這時，我感覺到柔荑般的手臂攬住我的腰，看到喬依的影子移到我的影子旁邊。

「好高興再看到妳。」我說，一邊給她一個擁抱。

她笑容燦爛，「喔，你越來越強壯了，是不是正在接受奧運訓練呀？」

「說實話，」我鄭重回答，「我決定退休了。我的體操生涯已經走到盡頭；我該往別的方向前進了。」她點點頭，不發一語。

「嗯，我們出發吧。」蘇格拉底手上抱著他帶來的大西瓜。我的雙肩背包裡則裝了三明治。

我們往上爬，走進山間，天氣簡直好得不能再好了。用過午餐，蘇格拉底決定讓我們倆獨處，他要去「爬樹」。

稍後，他爬下樹，聽我們在那兒彼此出主意。

「喬依，總有一天我要把我和蘇格拉底相處的經過寫成一本書。」

「說不定會被人拍成電影。」她說，蘇格拉底站在樹旁聽著。

這會兒我講得更帶勁了，「還有人會製造戰士T恤……」

「還有戰士香皂。」喬依喊道。

「還有戰士貼紙。」

「戰士口香糖！」

蘇格拉底聽不下去了，搖搖頭，爬回樹上。

我們倆放聲大笑，在草地上滾來滾去，我以早就經過練習卻故作不經意的口吻說：「嘿，我們來賽跑好不好？跑到旋轉木馬那裡再折回來。」

「丹，你這個人一定是生來就愛受罰。」喬依誇口道，「我父親是頭羚羊，我母親是獵豹，我姊姊是風，而……」

「是呀，而你的兄弟是保時捷和法拉利。」她邊笑邊穿上運動鞋。

「輸的人負責清垃圾。」我說。

喬依維妙維肖地模仿諧星W. C.費爾茲的口吻，說：「每分鐘都有個冤大頭誕生。」接著，她警告也不警告一聲，撒腿便跑。我在她身後，邊嚷邊穿鞋，「我看妳叔叔八成是彼得兔！」

我向蘇格拉底喊道：「馬上回來。」然後跑去追喬依，她已領先許多，正朝著一公里半以外的旋轉木馬跑過去。

她跑得是很快，但是我跑得更快，而且我知道這一點，我的修練已將我磨練得比我所能想像的更加厲害。喬依回頭看看我，她的雙臂和雙腿順暢地前後擺動，她見到我緊跟在後頭，呼吸得輕鬆又自在，露出驚訝的表情，或可說是震驚的表情。

她更加使勁向前跑，又回頭望了一眼。我和她的距離近到看得見汗珠滴在她柔軟的頸子上。我趕上去，和她並肩跑著，她喘著氣說：「你做了什麼？搭便車坐在老鷹的翅膀上嗎？」

「對啊。」我對她淺淺一笑，「老鷹是我的親戚。」我送了她一個飛吻，隨即超前。

我跑到旋轉木馬，折回頭往野餐地點跑，到半途時，看到喬依已經落後一百公尺遠。她看來跑得很吃力，漸露疲態。我替她難過，因此停下腳步，坐了下來，摘下一朵長在路邊的野芥子花。她接近我時，放緩速度，看到我嗅著那朵花。我說：「今天天氣真好，對吧？」

「你知道，」她說：「這讓我想到龜兔賽跑的故事。」說完，她加快腳步，以驚人的速度衝出去。我好訝異，一躍起身，拔腿就跑，追在她身後。我以穩健的速度，緩緩地向她逼近，這時我們已接近草原的邊緣，她還領先我好一段距離。我越逼越近，直到聽得見她可愛的喘息聲。我們肩並肩跑完最後二十公尺，她伸手握住我的手，我們放緩步伐，大笑著，剛好跌倒在蘇格拉底切好的西瓜籽上面，搞得西瓜子四濺，到處都是。

蘇格拉底從樹上下來，鼓掌迎接臉朝下，一頭滑倒在一片西瓜上，整張臉還沾滿了西瓜汁的我。喬依看著我，像個南方佳麗似的假笑說：「小乖乖，怎麼了，用不著臉紅嘛。畢竟，你差一點就擊敗了小小的、可憐的我。」

我的臉汁液淋漓，我用手抹抹臉，吸吮手上的西瓜汁，回答道：「小美人，怎麼了，就算小小的、可憐的傻子，也看得很清楚，是我贏了。」

「這裡就只有一個傻子，」蘇格拉底發牢騷說：「而他剛剛搗爛了西瓜。」

我們都哈哈大笑，我轉身看著喬依，滿眼閃爍著情意。但是當我見到她看著我的神情時，我不再發笑。她牽著我的手，把我帶到草地邊緣，那裡可以俯瞰提爾頓公園綿延不斷的翠綠丘陵。

「丹尼，有件事我得告訴你。你在我心目中有非常特別的地位，可是蘇格拉底說，」她回頭看看他，他正緩慢地搖著頭，「你的路徑對我來說，似乎也還不夠寬廣，起碼眼前看來是如此，而我也有很多事情得去做。」

我的心受到如同烏雲當頭兜下的重擊。我有一部分的生命墜落了，摔個粉碎，「嗯，我不會放妳走，我才不管蘇格拉底，還有妳，還有別人說什麼。」

喬依熱淚盈眶，「哦，丹尼，我希望有一天……但是蘇格拉底跟我說，你最好忘記。」

我最後一次凝望喬依發亮的眼睛，蘇格拉底從後方走到我身旁，在我頭輕輕碰了一下。我眼前一黑，立刻忘記我曾認識一個名叫喬依的女子。

「我們在哪裡？」

「我們在加油站的辦公室裡，欸，我們不是很久以前就玩過這遊戲了嗎？」

「沒錯，而你學到的是，你唯一所能確知的事情就是，你在這裡，不管這個這裡究竟是在何方。從今以後，只要你的注意力開始飄到別的時空去，你就得給我馬上回來。記住，時間就是當下這一刻，地方就是這裡。」

第三部

莫名其妙的快樂

7

最終的追尋

我睜開眼睛時，人仰臥著，看著天空。

我想必是打了個盹。我伸個懶腰，說：「咱們倆真該經常離開加油站，多來野餐幾次，你覺得呢？」

「是啊。」他緩緩點頭，「就咱們倆。」

我們收拾好東西，在青翠蒼鬱的山裡走了一公里半左右，才去搭公車。下山的路上，我隱隱約約老覺得像是忘了說什麼，還是忘了做什麼，也說不定是遺落了什麼沒帶走。但等到公車開到山腳時，那感覺已經消失了。

他下車前，我問：「嘿，蘇格拉底，明天跟我一起去跑步好不好？」

「何必等到明天？」他答道，「今晚十一點半，小溪的橋上見，我們可以來一次午夜狂奔，一路往上爬。」

當天晚上滿月高懸，我們沿著小徑向山上走，月光在草叢和樹叢頂端灑下一層銀輝。這段七公里長的上坡路，我每一步都很熟悉，即使周遭漆黑一片，也可以循著小徑跑上山。

爬完小徑中一段陡峭的坡路以後，我的身體暖洋洋的。過沒多久，我們便跑到連接道，開始往山上走，好幾個月以前，這裡看來儼然像座巍峨大山，如今我卻不怎麼把它當回事了。我深深呼氣、吐氣，全速往上跑，對跟在後頭拖著腳步，氣喘吁吁，不時耍寶、打哈哈的蘇格拉底大聲喊道：「老頭，加油啊。看你能不能抓到我！」

在一條又長又直的小路上，我回頭看，以為會看見蘇格拉底蹦蹦跳跳而來，卻始終沒看見他的蹤影。我停下腳步，吃吃笑著，懷疑他會向我突襲，嗯，我就讓他在前頭等等，納悶著我跑到哪兒去好了。我坐在山邊，視線越過海灣，拋向遠方熠熠發光的舊金山市。

這時風兒開始低語，我警覺到事情不大對勁。我一躍而起，全速往回跑。

我在轉彎處發現蘇格拉底，他臉朝下趴在寒冷的泥土地上。我立即蹲下去，輕輕地將他的身子翻過來，湊到他的胸口，我發覺他沒有心跳。「天啊，哦，我的天啊。」我說，一陣冷風呼嘯吹過峽谷。

我把蘇格拉底的身體放下，對他做口對口人工呼吸，把氣吹進他的肺部，我拚命地壓他的胸膛，越來越驚慌失措。

最後，我只能輕輕對他低語，雙手抱著他的頭，「蘇格拉底，不要死，請不要死，蘇格拉底。」是我建議來跑步的，我記得他吃力地跑上連接道，上氣不接下氣，但願……太遲了。我滿腔怒火，我氣這世界沒有公平正義；我感到一種前所未有的暴怒。

「不可以以以以以！」我對著上蒼嘶吼，痛苦的叫聲迴盪在山谷，嚇得鳥兒飛離鳥巢，飛到安全的天空中。

蘇格拉底不會死，我才不會讓他死。我感到有股氣在我的手腳和胸膛奔流，我要把所有的氣都灌給他，就算這意味著我得一死，我也樂於付出這個代價，「蘇格拉底，活過來，活過來！」我雙手抓著他的胸膛，指頭戳進他的肋骨，我有觸電的感覺，看到我的手發光，我搖著他的身體，全心全意希望他的心臟恢復跳動，「蘇格拉底！」我喝令道，「給我活過來！」

但是沒有半點跡象……什麼都沒有。我心裡沒了主意，我崩潰了。一切都結束了。我靜靜坐著，淚如雨下，「拜託，」我抬起頭，看著銀色的雲朵飄過月亮，「拜託，」我對從來沒見過的神明說：「請讓他活過來。」最後，我停止掙扎，停止希望。我能力不足，我辜負了他。

兩隻小兔子跳出樹叢看我；我凝視著老人失去生命的身體，輕柔地將他抱在懷中。

就在這時，我感覺到它，很多個月以前我經歷過同樣的「靈」，它充滿了我的身體，我呼吸著它，它呼吸著我。「拜託，」我最後一次說：「請用我取代他。」我是當真的。說時遲那時快，我感覺到蘇格拉底的頸部脈搏開始跳動。我立刻把頭靠在他的胸膛上，這位老戰士強健又有節奏的心跳聲在我耳邊噗通噗通響。我把氣吹進他的肺裡，直到他的胸膛鼓起，自動起伏。

蘇格拉底睜眼，看到我的臉就在他上方時，我激動感謝得又笑又哭。月光像水銀一樣，灑遍我們全身，那兩隻兔子皮毛閃閃發光，注視著我們。我開口講話，兔子聽到聲音，跑回樹叢裡。

「蘇格拉底！你還活著！」

「我看得出來你的觀察力還是老樣子，跟剃刀一樣的銳利。」他有氣無力地說。他掙扎著想要站起來，但是身體抖得太厲害，胸部又疼痛著，因此我像消防隊員那樣，把他扛在我的肩頭上，就這樣走了兩公里多的路，終於到了小徑的盡頭。在那裡，勞倫斯科學實驗室的夜間管理員打了電話叫來救護車。

一路上，他多半安靜地伏在我的肩上休息，我忍著疲累，他的重量壓得我汗流浹背。三不五時，他會開口說：「旅行就該像這樣才對——我們以後應該多多旅行。」或者是：「馬兒，快跑！」

我等蘇格拉底進了赫瑞克醫院，在加護病房安頓下來以後才回家。那天晚上，我又作了那個夢，這次死神把魔爪伸向蘇格拉底，我大叫一聲，然後驚醒。

次日，我到醫院陪他一整天。他大部分時候都在沉睡，但是那天下午近傍晚時，他說他想談一談。

「好的，這到底是怎麼回事？」

「我發現你躺在地上，心跳停了，沒有呼吸。我，我——決心要讓你活過來。」

「提醒我把你也列在我的遺囑裡。當時你感覺如何？」

「蘇格拉底，怪就怪在這裡。起先我覺得體內有一股氣在流動，我設法把氣灌給你。我差一點就要放棄了，那時……」

「千萬別說『死』這個字。」他聲明。

「蘇格拉底，這可是很嚴肅的事！」

「繼續講吧，我在為你加油喝彩喲，我迫不及待想知道到底是怎麼一回事。」

我咧嘴而笑，「是怎麼回事，你清楚得很。你的心臟又開始跳動，不過是在我放棄灌氣以後。是我以前感受到的『靈』，是祂啟動了你的心跳。」

他頷首。「你感覺到祂。」他並不是在提出問題，而是在作一項陳述。

「是的。」

「這是很好的一課。」他說，一邊輕輕伸了個懶腰。

「什麼一課呀！你心臟病突然發作，而那竟然是給我上了很好的一課？這難道是你對這件事的看法嗎？」

「沒錯。」他說，「而且我希望你會善用從這一課學到的教訓。不論我們看來有多堅強，每個人都有隱藏起來的弱點，這個弱點說不定就是我們的致命傷。以下是門規：每一種力量都有相對應的弱點，每一個弱點都有相對應的力量。我從小到大一直有個弱點，就是我的心臟，而我年輕的朋友你呢，你有另一種『心病』。」

「我有嗎？」

「有的。你尚未向人生、向每一分每一秒完完全全敞開你的心。所謂的寧靜戰士之道並不是說，人在面對世界、生命和你所感覺到的『靈』的時候，好像身披鐵甲金冑，刀槍不入，而是徹底的脆弱、容易受到傷害。我一直舉出種種例子，就是想讓你明白，戰士的生命與想像中的完美或勝利無關，而與愛有關。愛就是戰士的劍，劍揮向哪裡，就把生命，而非死亡帶到哪裡。」

「蘇格拉底，請告訴我有關愛的事，我好想了解。」

「愛並不是需要了解的事，愛只能體會。」

我低頭看著他，領悟到他竟作了那麼大的犧牲，他明明知道自己有心臟病，卻還是陪我一起修練，從不退縮，這一切的一切，都只是為了保持我的興趣。我熱淚盈眶，「蘇格拉底，我真的覺得……」

「鬼扯蛋！哀傷並不夠好。」

我從慚愧轉為洩氣，「你這個老魔頭，有時真會氣死人！你要我付出什麼，血嗎？」

「憤怒也不夠。」他以誇張的語氣吟誦，一邊用手指著我，眼睛突出，活像老電影裡頭的大反派。

「蘇格拉底，你根本是個瘋子。」我笑著說。

「好啦，這就對啦，要笑才夠好！」

我們一同笑著，直到他輕聲吃吃地笑，然後沉入夢鄉。我悄悄離去。

第二天上午我回去看他時，他氣色好多了。我立刻質問他：「蘇格拉底，你為什麼堅持要陪我一起跑步，又蹦又跳？你明明就知道自己隨時可能會因為這樣而賠上一條命。」

「最好是好好活著，直到一死。」他說，「我是戰士，因此我的人生道路就是行動。我是師父，所以必須以身作則。有朝一日，你也可能會像我教導你這樣去教別人，到時候，你就會了解為什麼言教是不夠的。你也必須以身作則，把你從經驗中體會到的一切，傳授給別人。」

接著他講了一個故事：

一位婦人帶著稚子去見聖雄甘地，她懇求道：「聖雄，拜託，求您叫我兒子別再吃糖了。」

聖雄沉吟半晌，說：「兩個禮拜後再把妳兒子帶來。」婦人大惑不解，謝過甘地後，說她會照他的吩咐去做。

兩個禮拜後，她帶著兒子回來。甘地看著孩子的眼睛說：「別再吃糖了。」

這婦人感激歸感激，卻也很迷惑，於是問道：「您為什麼叫我兩個禮拜後再帶他來呢？您當時大可跟他講同一句話呀。」

甘地回答：「兩個禮拜前，我自己也在吃糖。」

「所以呢，丹，請記住，身體力行你所教的事，只教你已經身體力行的事。」

「除了體操外，我還要教什麼呢？」

「以目前來說，體操就夠了；利用它來傳授普世的課程。」他說，「先給人們他們所想要的東西，直到他們所想要的，正是你想傳授給他們的。教人怎麼空翻，直到有人要求學更多。」

「我又怎麼會知道他們想要更多東西呢？」

「到時自然會知道。」

「蘇格拉底，你確定我天生注定要當老師嗎？我不怎麼想當老師欸。」

「看起來你正往那條路走去。」

「這倒叫我想起很久以來一直想要問你的一件事——你好像常常看穿我的心思，知道我的未來。我以後也會擁有諸如此類的力量嗎？」

蘇格拉底聞言，伸手打開電視，看起卡通片。我關掉電視，他轉向我，嘆口氣說：「我還想指望你永遠不會對力量著迷呢。這會兒，問題既然出現了，我們最好把它解決掉。好的，你想知道什麼？」

「嗯，首先，預言未來。你有時似乎有預言能力。」

「預言未來是基於對當下現實的認知，除非你已經可以看清當下，否則別對預知未來這回事有興趣。」

「嗯，那麼看穿別人心思呢，這件事又該怎麼說？」我問。

蘇格拉底嘆口氣說：「首先，你最好學會看穿自己的心思！」

「大部分時候，你好像都可以看穿我的心思。」

「你的心思很容易看穿，喜怒哀樂全寫在臉上。」

我臉紅了。

「懂我的意思了吧？」他笑道，指著我漲紅的臉，「不必懂魔術，也能讀懂一個人的臉；打撲克牌的人就是一直在用這招的。」

「可是真正的力量又怎麼說呢？」

他在床上坐起，說：「丹，特別的力量的確存在。可是對戰士來講，這些都是不相干的事，別受華而不實的事物所矇騙，戰士所能仰賴的，只有愛、仁慈與服務的力量，還有快樂的力量。你無法得到快樂，而是快樂得到你，可是，只有在你放棄其他一切以後，快樂才會上門來。」

蘇格拉底似乎越來越疲倦，他打量我一會兒，似乎做了什麼決定，然後以溫和卻堅定的語氣，說出我最怕聽到的一段話：「丹，你已經準備好了，但是你仍陷在困境中，仍在尋尋覓覓。那就這樣吧，你就繼續尋覓，直到你厭倦了為止。接下來，遠行一陣子，去找尋你必須找尋的，去盡量學習，然後我們再見面。」

我激動得聲音顫抖，「要多……多久？」

他的回答令我震驚，「九年或十年應該就夠了。」

我突然感到一陣驚惶，說：「我無處可去，沒有其他地方是我想去的。拜託，讓我留下來陪你。」

他閉上眼睛，嘆口氣，「小兄弟，要有信心。你的路會指引你方向；你不會迷路的。」

「可是，我什麼時候可以再見到你？」

「你的尋覓結束時，真的結束時，我會去找你。」

「我什麼時候會變成戰士？」

「丹，戰士不是你可以變成的事物。你眼前這一刻，要嘛是戰士，要嘛不是。道本身創造戰士。現在，忘了我，走吧，然後容光煥發地回來。」

然而我已越來越依賴他給我意見，依賴他那凡事篤定的氣度。我渾身發抖，走到門口，然後轉身，最後一次望進那雙明亮有神的眼睛裡，「蘇格拉底，我會做你所要求過我的一切，只除了一樣：我永遠不會忘了你。」

我步下台階，踏進市區街道，再走上校園裡蜿蜒的坡路，開始進入不可知的未來。

我決定搬回故鄉洛杉磯，便將我的老「勇者」汽車開出車庫，把在柏克萊的最後一個週末都用來打包行李，準備離開。我想起琳達，走到街角的電話亭，撥了她新家的號碼。聽見她猶帶睡意的聲音時，我頓時知道自己想做什麼。

「甜心，我要給妳一些驚喜。我要搬到洛杉磯，妳明天早上可不可以盡快飛來奧克蘭？

我們可以一起開車南下，有件事我們需要討論一下。」

電話另一端沉吟了半晌，「喔，我很樂意！我會搭早上八點的飛機。嗯，」——停頓良久——「丹尼，你想討論什麼事？」

「這件事我得當面問妳，不過給妳一個暗示：有關分享我們的人生，有關寶寶，還有早上醒來的擁抱。」她這一回停頓更久。

「琳達？」

她的聲音顫抖，「丹，我現在不方便講話，我明天一早會搭飛機過去。」

「我會在機門接妳。再見，琳達。」

「再見，丹尼。」接著傳來電話線路孤寂的嗡嗡聲。

我八點四十五分抵達機門時，她已經站在那兒，眼神明亮，一頭紅髮令人目眩神迷，她真是個美女。她笑著奔向我，展開雙臂擁抱我，「喔，丹尼，再度抱著你的感覺真好！」

我感覺到她身體的暖意滲入我的。我們很快走到停車場，一開始卻找不到什麼話可說。

我把車開回提爾頓公園，向右轉，往上開到靈感峰。我早已計畫好，因此請她坐在牆頭，正要提出那個問題時，她一把抱住我，說：「我願意！」然後哭了起來。「我說錯了什麼嗎？」我有氣無力地開玩笑說。

我們在洛杉磯市法院結婚，婚禮簡單但溫馨美好。一部分的我感到非常快樂，另一部分卻感到莫名的沮喪。我在午夜醒過來，躡手躡腳走到蜜月套房的陽台，悄然無聲地哭了。為什麼我會覺得好像失去了什麼，好像我忘記了什麼重要的事物？那股感覺始終伴隨著我。

我們很快在一間新公寓裡安頓下來，我嘗試賣人壽保險，琳達則找到一份兼差，擔任銀行出納。我們的生活舒適安定，但是我忙得抽不出空多陪陪新婚妻子。每當夜闌人靜，在她熟睡時，我靜坐；等到一大早，我會練練身手。沒多久，我的工作量就大到沒多少時間能做這些事；我所有的修練和戒律開始漸漸退步。

從事業務工作半年後，我再也受不了。我和琳達坐下來，進行這麼久一段時間以來的第一次長談。

「甜心，我們搬到北加州，另找工作，妳看怎麼樣？」

「丹，你要是真想這麼做，我是無所謂啦。況且，住得離我娘家近點，說不定蠻好的，他們很會照顧小孩呢。」

「照顧小孩？」

「對呀。你要當爸爸了，感覺如何呀？」

「妳是說，一個寶寶？妳……我……一個寶寶？」我將她輕輕抱進懷裡，良久良久。

從今以後，我不能走錯一步路。搬到北部的第二天，琳達回娘家，我則出去找工作。我從以前的教練霍爾那裡聽說，史丹福大學有個男子體操教練的空缺。當天我就去面試，然後開車到岳父岳母家，告訴琳達這個消息。我到達時，他們說史丹福體育組主任打電話給我，表示要給我那份教練差事，九月開始上班。我接受了。

八月底，我們漂亮的女兒郝麗誕生，我開車把所有的家當載到蒙羅公園，搬進一間舒適的公寓，琳達和寶寶在兩週後飛來。一開始，我們一家三口很滿足，但是不久之後我就一頭栽進工作裡，負責為史丹福研發一套強勁有力的體操計畫。每天清晨，我跑上好幾公里，穿越高爾夫球場，然後獨坐在拉古尼他湖畔。我的能量和注意力再度向四面八方飛揚，可悲的是，一點點也沒有朝著琳達飛過去。

一年在不知不覺中過去了，一切都進行得相當順利，我無法了解自己為何老是覺得好像在很久以前失去了什麼。而我在蘇格拉底指導下進行修練的一幕幕鮮明的影像，像是在山間跑步、深夜的奇異練習、一連好幾個鐘頭和我謎一樣的師父談話，看著他，傾聽著他，凡此種種都化為褪色的回憶。

我和琳達結婚滿一年後不久，她告訴我，想去看婚姻諮商師。這對我來說簡直就像晴天霹靂，我還以為我們終於能夠放鬆下來，有多一點的時間相處。

婚姻諮商師的確有幫助，但我和琳達之間已蒙上了陰影，說不定早從我們結婚當晚，那陰影就存在了。她越來越沉默寡言，什麼都埋在心底，帶著郝麗一同活在她自己的世界裡；而我每天下班回家時，早已筋疲力盡，沒有多少精力可以照料她們母女倆。

我在史丹福任職的第三年，向校方申請位於大學住宿區內的教職員宿舍，好讓琳達能夠多多接觸其他人。不久之後，情況顯示此舉成效卓著，特別是在談情說愛這件事上頭，她建立起自己的社交圈，我則卸下我不能或不願履行的重責。接下來的春天，我和琳達分居，我更加寄情於工作，再度開始內在的追尋。早上我和一群人一起在體育館坐禪，晚上則研習合氣道。我越來越勤於閱讀，希望能為我未完成的事找到一些線索、方向或答案。

之後歐柏林學院聘我為老師，那是位於俄亥俄州的一所文理學院，學生必須住校。這似乎可以為我們的婚姻提供第二次的機會，我對於幸福的探討追尋更加積極，並且開設了「身心發展」和「寧靜戰士之道」等課程，傳授我從蘇格拉底那裡學來的一些觀點和技巧。在那任教的第一年結束時，校方給了我一筆特別補助款，讓我得以出門旅行，在我選擇的領域中進行研究。

那年夏天，我和琳達分手。我暫時拋下她和我的小女兒，出發去進行但願是我最後一趟的追尋。

我走訪世界上的許多國家，包括夏威夷、日本、香港和印度等。我在這些地方接觸不凡的導師，還有各門派的瑜伽、武術及薩滿信仰。我擁有很多的體驗，我發現偉大的智慧，卻遍尋不得永恆的安寧與祥和。

旅途即將結束時，我變得更加絕望，最終不得不面對在我心裡迴盪的問題：「何謂開悟？我的心靈何時才能找到安樂？」蘇格拉底講過這些事情，當時我卻有耳無心，沒把話聽進去。

我到達旅途最後一站，也就是葡萄牙海岸的卡斯凱斯村時，這兩個問題仍持續不斷地重現，更加困擾著我的心。

有天早上，我在一片孤立綿延的海灘上醒來，當時我已經在那露營了幾天。我的眼光飄向大海，浪潮正逐漸吞噬我費了好一番工夫才用沙和木頭搭起的城堡。

不知怎地，我聯想到自己的死亡，還有蘇格拉底想告訴我的事情。他的話語和手勢一點一滴重現，就好像我用來搭城堡的小樹枝，四散漂浮在淺淺的碎浪中：「丹，想想你不知不覺流逝的生命，有一天你會發覺，死亡和你想像的不同，人生也與你想像的不同。死亡也好，人生也好，都可能很奇妙，充滿著變化；但是，倘若你不醒過來，兩者都可能令人大失所望。」

他的笑聲在我的記憶中迴盪，我想起發生在加油站的一件事：我當時表現得懶洋洋、了無生氣，蘇格拉底陡地抓住我，搖我的身體，「醒過來！如果你知道自己得了絕症，如果你沒剩多少天可以活，那你就不會浪費一絲一毫寶貴的時間！嗯，丹，我告訴你，你的確得了絕症，它叫做出生。你沒剩幾年可活了，大家都一樣！所以，現在就給我快樂起來，沒有理由的快樂，否則你一輩子都不會快樂。」

我開始感覺到一種可怕的急迫感，但我無處可去。於是，我留下，在海邊流浪，從未停止爬梳心事。「我是誰？何謂開悟？」

很久以前，蘇格拉底跟我說過，即使是對戰士而言，也沒有戰勝死亡這回事，而只能體會到，我們究竟是誰。

我躺在陽光下，想起曾在蘇格拉底的辦公室剝洋蔥剝到最後一層，要看看「我是誰」。我想起沙林傑小說中的一個人物，此人在看到某人喝牛奶時說：「那就好像把上帝倒進上帝之中，如果你懂我的意思。」

我想起莊子的夢：

莊子入睡，夢見自己是蝴蝶，醒來時，他自問：「究竟是我這個人夢到自己是蝴蝶？還是一隻睡著的蝴蝶夢見自己是人呢？」

我走到沙灘上，口裡不斷哼著一首兒歌：

划呀，划呀，划船呀，沿著小溪，順流而下，
快活呀，快活呀，快活呀，人生不過一場夢。

有一天下午散完步後，我回到紮在岩石後方、賴以遮風擋雨的營帳，從背包裡掏出我在印度隨手買來的舊書，一本粗糙的英譯本，說的都是有關靈修的民間故事。我信手翻閱，看到一則有關開悟的故事：

密勒日巴四處尋求開悟之道，卻找不到答案。直到有一天，他見到一位老人揹著沉重的行囊，緩緩走下山間小路。密勒日巴立刻意識到，老人知道他苦尋多年的祕密。

「老先生，請告訴我您所知道的事情。何謂開悟？」

那老人對他微笑了一會兒，卸下肩頭沉重的負擔，站直身子。

「是的，我明白了！密勒日巴喊道，不勝感激。不過，請容我再請教您一個問題，開悟之後是什麼呢？」

老者又微笑，再拿起行囊，扛在肩上，調整好重擔的位置，繼續上路。

當晚我作了一個夢：

我在一座大山的山腳下，周圍一片漆黑，我翻開每一塊石頭，尋找寶石。山谷籠罩在黑暗中，我因而找不到寶石。

接著，我抬頭仰望閃閃發亮的山頂。要是真的有寶石，一定在山頂。我爬了又爬，展開艱險的旅程，持續了許多年。最後，我總算到達旅程的終點，沐浴在明亮的光芒中。

我眼前一片清朗，但還是找不到寶石。我俯瞰腳下遠方的山谷，多年以前我就是從那裡開始登山的。這時，我才領悟到，那寶石一直在我身體裡面，即便是當下此刻，那寶石始終璀璨發光，只是我的眼睛一直沒張開。

我在半夜醒來，月光皎潔明亮，夜裡的空氣溫暖，世界一片靜謐，只有海浪拍岸那富有韻律的聲音。我像是聽到蘇格拉底的聲音，但我明白那不過是另一個回憶而已：「丹，開悟並不是一種成就，而是一種體會。你醒來時，一切都改變了，同時又什麼也沒有改變。一個盲人體認到他看得見，難道這世界會因此而有所變嗎？」

我坐著，望著月光在海面上粼粼發光，將遠方的山峰蒙上一層銀輝，「那個關於山，關於水，關於大追尋的格言是怎麼說的呢？」

「啊，對了。」我想起來了。

見山是山，見水是水

見山不是山，見水不是水，

見山又是山，見水又是水。

我起身，奔向海灘，縱身躍入黑暗的海洋，游到離碎浪很遠的地方。我停下來，涉水行走，突然感覺到有什麼游過腳下某處深而漆黑的所在。有什麼正衝著我而來，速度非常快：是死神。

我拚了命游回岸邊，躺在潮濕的沙灘上，不停地喘氣。一隻小螃蟹在我眼前爬過，鑽進沙裡，這時一道海浪打來，沖過螃蟹身上。

我站著把身體擦乾，穿上衣服，就著月光收拾家當，然後揹上雙肩背包，對自己唸唸有詞，複述一位導師說過的，有關尋求開悟的一小段教誨：

「最好永遠不要開始；一旦開始，最好完成。」

我知道，是回家的時候了。

巨無霸客機在克里夫蘭的霍普金斯機場跑道降落時，我對我的婚姻和生活，越來越感到焦慮。六年過去了，我覺得自己變老了，卻沒有增長絲毫的智慧。我可以對妻女說什麼呢？我會不會再見到蘇格拉底……真要見到，又能帶給他什麼呢？

我下機時，琳達和郝麗正等著我。郝麗高興得邊歡呼邊跑向我，緊緊抱著我。我和琳達的擁抱輕柔而溫暖，缺乏真正的親暱，彷彿是在擁抱老朋友。時間和經歷顯然已經將我們引到不同的方向，我不在的期間，琳達並不寂寞，她有新的朋友和親密關係。

也許是巧合，當我回到歐柏林後不久，我認識了一個很特別的人：一個學生，一個可愛的妙齡女郎，名叫喬依絲。她有一頭短短的黑髮，前額留了瀏海，覆在俏麗的臉蛋和燦爛的笑容上方。她個頭嬌小，生命力十足。我強烈被她所吸引，我們只要一有空就會相聚，散步、談天，在植物園裡、繞著平靜的水面漫步。我可以自在地跟她交談，但和琳達談話時卻無法，倒不是因為琳達無法了解，而是兩個人的人生道路和興趣是在不同的地方。

喬依絲在春季畢業，她想待在離我不遠的地方，但我認為我對婚姻還有責任，我們不得不忍痛分手。我知道我永遠也忘不了她，可是我必須把家人放在最前面。

冬季過了一半的時候，我和琳達、郝麗搬回北加州。也許是我太專注於工作和我自己，我們的婚姻遭受最後的打擊，然而一切的惡兆都比不上結婚當夜我所感受到的陰影那樣令人悲哀。自那晚開始，惱人的懷疑和憂鬱始終縈繞在我心頭不散——我老是在懷疑，因而感到痛苦，總覺得自己有什該記得的卻記不起來，有什麼，是多年以前就被我遺忘了，只有跟喬依絲在一起時，我才能擺脫這種感覺。

離婚後，琳達和郝麗搬進一間不錯的老房子，我繼續埋首工作，並在柏克萊青年會教授體操和合氣道。

我好想去加油站，那股渴望叫人難受，可是蘇格拉底沒叫我回去，我是不會回去的。況且，要怎麼回去呢？這麼多年過去了，我卻拿不出成績給他看。

我搬到帕羅奧托獨居，和以前一樣的孤單。我常想到喬依絲，但我知道自己沒有權利打電話給她，我仍有未了的事情。

我重新開始修練，運動、閱讀、靜坐，繼續把問題推進心底深處，像插劍似的，越推越深。過了幾個月，我開始感覺到重生更新的幸福感，這是我多年以來未曾感受到的。在這段期間，我開始寫作，把我和蘇格拉底相處的經過，寫成好幾冊的筆記，我希望藉著重溫往事，提供自己新鮮的線索。自從他要我離開之後，沒有一件事是真正改變過的，起碼我看不出來。

有一天早晨，我坐在小公寓前門的台階上，俯瞰著高速公路。我回想過去這八年來的時光，一開始時，我是個傻瓜，後來差一點變成戰士，接著蘇格拉底教導我進入這世界，學習，而今我又變成了傻瓜。

整整的八年似乎都白費了。這會兒，我坐在台階上，視線越過底下的城市，凝望著遠山，然後突然之間，我的注意力集中了，山開始浮現一抹柔光。就在剎那，我知道自己應該做什麼。

我賣掉寥寥無幾的家當，把行囊捆紮妥當，搭著便車南下，朝佛雷斯諾前進，接著向東轉進內華達山。時值夏末，正是迷失在山間的好季節。

「蘇格拉底，請告訴我有關愛的事，我好想了解。」

「愛並不是需要了解的事，愛只能體會。」

8 大門敞開

在愛迪生湖一帶的一條窄徑上，我開始健行，深入蘇格拉底提過的地區，往上爬，深入荒野的核心。我感覺得到，就在這山間，我將找到答案，不然就只有一死。有關這兩件事情，我並沒有想錯。

我徒步上山，穿越高山草原，走在花崗岩山峰之間，在濃密的松林和樅樹林中蜿蜒前進，直入高處的湖區。那兒的人口比美洲獅、鹿和小蜥蜴還來得稀少，當我走近時，蜥蜴就會從岩石下面逃竄而出。

將近黃昏時，我紮好營。第二天，我走到更高的地方，穿越林線邊緣的大片花崗岩，攀上巨大的圓石，越過峽谷和深谷。下午，我採擷可以吃的根莖和漿果，在清澈的水畔躺下。這似乎是多年以來的頭一次，我感到滿足。

當天下午稍後，我獨自漫步在荒野之間，穿過枝椏糾結的林蔭，回到營地。接著我燃起營火，又吃了一點東西，在一棵高聳的松樹下靜坐，將自己交給群山。群山有什麼要給我的，我來者不拒。

天黑以後，我就著噼啪燃燒作響的營火，烤暖手和臉，突然間，蘇格拉底從陰影中走出來。

「我正好在這附近。」他說。

我半信半疑、又驚又喜，一把抱住他，笑著和他玩起摔角，把他摔到地上，弄得兩人一身是土。我們拍去身上的灰土，坐在火邊。「老戰士，你看來幾乎沒兩樣，不會超過一百歲。」他看來是老了些，不過帶著灰斑的眼睛依舊炯炯有神。

「你呢，卻相反。」他咧嘴笑了笑，把我上上下下打量了一番，「看來老多了，卻沒變聰明多少。告訴我，你學到什麼沒有？」

我嘆了長長一口氣，瞪著火光，「嗯，我學會泡茶。」我將小壺放在臨時搭成的爐火上，準備用我這一天在路上採來的草藥泡茶。我沒料到會有客人，於是將杯子遞給他，自己改用一只小碗盛著茶。最後，我打開了話匣子，說著說著，長久以來所累積的絕望感終於重重地向我襲來。

「蘇格拉底，我沒有什麼可以貢獻給你，我仍然迷失，離大門的距離並沒有比我們第一次見面時更近多少。我讓你失望了，生命也讓我失望，生命打破了我的心。」

他喜形於色，「對啦！丹，你的心被打破了，破了以後裂開來，就露出大門，它正在裡頭閃閃發亮呢。只有那裡，你沒去找過，笨蛋，張開眼睛吧，你就差一步啦！」

我困惑又氣餒，只是無助地坐在那裡。

蘇格拉底再次保證，「你差不多就要到了，很接近了。」

我急忙抓住他的話鋒，「接近什麼？」

「終點。」一時之間，一股寒意爬上我的背脊。我很快爬進睡袋，蘇格拉底也攤開他的睡袋。那晚我最後的印象，是我這位師父的眼睛，明亮有神，好像看穿了我，看穿了火光，看進了另一個世界。

當晨曦第一道陽光射下時，蘇格拉底已經起身，坐在溪畔。我陪他靜靜坐了一會兒，把小石頭拋進潺潺流水中，聆聽石頭落水時的噗通一聲。他不發一語，轉過頭來，細細端詳著我。

一整個白天，我們消遙自在地健行、游泳、曬太陽，當晚，蘇格拉底告訴我，他想要聽我細說從頭，把我還記得自遇見他之後的種種感受，全部說出來。我接連講了三天三夜，把儲存的記憶一古腦兒掏空。蘇格拉底除了簡短發問外，從頭到尾都沒怎麼開口。

就在日落以後，他示意要我跟他一起坐在營火邊。我和老戰士兩人靜靜坐著，盤坐在內華達山巔柔軟的土地上。

「蘇格拉底，我所有的幻象都消逝了，但是好像沒有留下什麼來取代這些幻象。你曾經讓我看到追尋是徒勞無益的，可是寧靜戰士之道不也是一條路徑，不也是一種追尋嗎？」

他笑著搖搖我的肩膀，「過了這麼久，你總算提出有意思的問題了，而答案呢，就在你眼前。打從一開始，我就對你指出寧靜戰士的道路，而不是走向寧靜戰士的途徑。**你只要沿著這條路走，就是個寧靜戰士**。過去八年中，你放棄了你的『戰士身分』，好去追尋這條路，但是這條路就是當下──它一直都在。」

「那我現在該怎麼做呢？我該何去何從？」

「誰在乎呀？」他興高采烈地嚷道，「渴望一旦得到滿足，傻子就會很『快樂』；而戰士卻會莫名其妙、毫無理由地感到快樂。所以，快樂是最終極的戒律──比我教過你的其他戒律都還要重要。快樂並不是你感覺到的一種事物，快樂就是你，就是你本身。」

我們再度爬進睡袋裡，在紅色的火光映照下，蘇格拉底容光煥發。「丹，」他輕聲說：「這是我交付給你的最後一項任務，永續的任務。在這個世界上，要表現快樂、感到快樂，不需要任何的理由。接著你就能去愛，去做你想做的事。」

睏意逐漸湧來，我闔上眼，輕聲說：「但是，蘇格拉底，有些人與事是很難去愛的，永遠感到快樂似乎是不可能的事。」

「丹，感覺是會改變的，有時悲哀，有時愉快。不過請記得，在這種種的感覺底下，你眼前展開的這個人生，它的本質是圓滿的。這就是莫名其妙地快樂的奧祕。」聽完最後這幾句話，我睡著了。

天剛破曉，蘇格拉底就把我搖醒，「前面有好長一段路要走。」他說，我們旋即出發，走向高山。蘇格拉底爬坡的步伐變慢，只有這件事顯示出他年事已高、心臟虛弱。這又讓我想起我的師父身有宿疾，想到他付出的犧牲，我永遠不會再虛度與他相處的時光。我們爬到更高的地方時，我記起一則奇怪的故事，我以前一直不懂，直到此刻才了解。

一位聖女走在山崖邊，她看到腳底七八公尺深的地方，有頭死去的母獅，身旁圍繞著哀哀哭泣的幼獅。聖女毫不猶豫，縱身跳下山崖，捨身餵幼獅。

說不定在另一個時空裡，蘇格拉底也會做同樣的事。

我們大部分時候都默不吭聲，越爬越高，穿過樹木稀疏的崎嶇地面，爬到林線上方的山峰。

「蘇格拉底，我們要去哪裡？」我們坐下來歇一會時，我開口問道。

「我們要到一座特別的山，一個神聖的地方，是附近這一帶最高的高原。它是美洲先民部落的埋葬地。這個部落小到連史書上都沒有記載，但是這些人的確孤獨且與世無爭地活過、工作過。」

「你怎麼會知道這件事？」

「我的祖先和他們生活過。我們上路吧，天黑以前得趕到。」

眼前這一刻，我很樂意全心信賴蘇格拉底，但我仍感到忐忑不安，覺得自己置身於致命的險境中，而他還有什麼瞞著我。

太陽低垂天邊，透露著不祥的意味，蘇格拉底加快腳步。我們呼吸沉重，深陷在陰影中，從一塊巨石，又跳又爬，上到另一塊巨石。蘇格拉底的身影沒入兩塊巨石之間的裂縫。

我跟在他之後，走進兩石之間的狹窄坑道，又走進曠野中。「萬一你一個人回來，就得走這條通道。」蘇格拉底對我說：「它是唯一的進出路徑。」我正想開口問，他就示意我安靜。

我們翻過最後一個山坡時，暮色正要從天邊隱沒。在我們的腳底下，是一處碗形的窪地，四周聳立著峭壁懸崖，窪地籠罩在陰影當中。我們往下走進窪地，直奔一座鋸齒狀的山峰。

「我們快到埋葬地了嗎？」我緊張地問。

「我們腳下就是。」他說，「我們正站在一個古老民族、一個戰士部落的魂魄之間。」風向我們襲來，彷彿在替蘇格拉底加重語氣。接著，傳來一陣我所聽過最令人毛骨悚然的聲音，好像有人在呻吟似的。

「這吹的是什麼怪風啊？」

蘇格拉底並沒有回答，在面對懸崖的一個黑洞前面停下，說：「咱們進去吧。」我的本能拚命發出危險警示訊號，但是蘇格拉底已經進去了。我打開手電筒，把呻吟的風拋在腦後，隨著他微弱的燈光，一同深入洞穴。我的手電筒射出搖曳的光線，照亮坑洞和裂縫，可是我看不見底。

「蘇格拉底，我可不想被埋在這深山野外。」他瞪了我一眼，但隨即走向洞穴的出口，我鬆了口氣。不過洞外和洞裡也沒什麼差別，一樣的黑暗。我們紮好營，蘇格拉底從背包裡拿出一綑木柴，「我就猜想大概用得上。」他說。不久，營火噼啪作響，火焰吞噬著木柴，我們的身體在面前的洞壁上投射出怪異、扭曲的影子，狂野地跳著舞。

蘇格拉底指著影子，說：「洞穴裡的這些影子是一種根本的影像，映照出幻象和真實、痛苦和快樂。柏拉圖宣揚過一個古老的故事：

以前有一個民族，終生都住在幻象洞穴裡。數代之後，他們逐漸以為自己投射在洞壁上的影子，就是真實的實體。只有神話和宗教故事才有比較光明的一面。

這個民族執迷於影子的閃動變化，越來越習慣並受制於黑暗的真實。

我盯著影子瞧，感覺背後有溫暖的火光。蘇格拉底繼續說：

「丹，古往今來，都不乏有福之人是例外，未受制於洞穴。有些人厭倦了影戲，產生疑問，不管影子竄得有多高，都不再能令他們滿足。他們成為追尋光明的人，其中少數幸運兒找到嚮導，嚮導指點了他們，帶領著他們走出幻象，走進陽光中。」

我被這故事迷住，凝視著影子在黃色的火光中，正在花崗岩壁上舞蹈。蘇格拉底又說：

「丹，所有的世人都被困在自己的心智所造成的洞穴中，無法自拔。只有少數戰士看見光明，掙脫束縛，放棄一切，因而能笑著走進永恆。我的朋友，你也會如此。」

「蘇格拉底，這目標聽起來難以企及，而且有點叫人害怕。」

「它是超越目標，超越恐懼的。一旦發生了，你就會看出是那麼地簡單明瞭、普遍、清醒又快樂。那不過是超乎陰影的真實罷了。」

我們靜靜坐著，只有營火噼啪作響的聲音劃破周遭一片沉寂。我望著蘇格拉底，他好像在等著什麼。我感到侷促不安，但是微弱的曙光照亮了洞口，讓我精神為之一振。

洞穴隨即又籠罩在黑暗中，蘇格拉底迅速起身，走到洞口，我緊隨其後。我們走到洞外時，聞到臭氧的氣味，我感覺得到靜電使得我後頸汗毛直豎。這時，雷聲轟隆隆響起，暴風雨來了。

蘇格拉底猛一轉身，面對著我，閃電大作，一道閃電擊中遠方一處山崖。「快！」蘇格拉底說，語氣之急迫，我以前從未聽過。「沒剩多少時間了，永恆就在眼前。」說時遲那時快，那感覺又來了，那感覺從未出過錯，它在說：「小心！死神正悄悄逼近！」

這時，蘇格拉底又開口，聲音透露出不祥的意味，非常刺耳。「快，快回洞裡！」我翻我的背包想找手電筒，他卻厲聲喝道：「走啊！」

我退回漆黑的洞，靠在岩壁上，屏息等他回來找我，他卻消失不見了。

我正打算出聲叫他時，有什麼東西像老虎鉗似的，用力地一把抓住我的後頸，拖著我往回走，更深入洞穴裡，我嚇得幾乎要失去知覺。「蘇格拉底！」我尖聲喊道：「蘇格拉底！」那東西放開我的後頸，卻有一種更可怕的痛苦襲來：後方有什麼在壓著我的腦袋。我不斷尖叫，就在我的頭骨快被那股蠻力壓碎前，我聽到一句話，說話的無疑是蘇格拉底：「這是你最後的旅程。」

咔噠一聲，痛苦消失了。我全身一軟，癱倒在地，發出輕輕的撞擊聲。閃電一閃一閃，在短暫的亮光中，看得到蘇格拉底就站在我的上方，低頭看著我。雷鳴從另一個世界傳來，就在此時，我知道自己奄奄一息。

我的一條腿掉進深坑裡，軟弱無力地垂掛著，蘇格拉底把我推到絕壁的上方，推入一個深淵裡，我往下墜，身子彈跳著，撞上岩壁，掉進地心深處，然後通過一個開口，被高山送進陽光中，我那遍體鱗傷的身子旋轉而下，最後落在極下方一處濕潤的青草地上的草堆裡。

我的身體現在是一團破碎扭曲的肉，食腐鳥、齧齒類動物、蟲子和蛆都前來食用，而我以前幻想著這團肉就是「我」。時間過得越來越快，日子飛快過去，天空明滅不定，一忽兒亮，一忽兒暗，閃爍得越來越快，終而明暗不分，日子變成了禮拜，禮拜變成了月份。

季節遞嬗，殘骸開始溶進泥土裡，肥沃了土壤。冬季結凍的雪暫時保存了我的骸骨，可是季節以越來越快的周期飛逝，就連骨頭也化為塵土。花朵和樹木得到我肉身的滋養，在草地上欣欣向榮，而後枯萎。最後，就連草地也不見了。

我成為食腐鳥的一部分，牠們曾大口吃我的血肉。我也成為那些蟲子和齧齒類動物的一部分，變成在生死大循環中獵食牠們的動物的一部分。我成為牠們的祖先，直到牠們最終也回歸大地。

很久以前活過的那位丹．米爾曼，永遠消失了，生命只是轉瞬一刻。但是我在歷經所有的時代以後，卻始終不變。如今，我是我自己，是觀察萬事萬物的意識，我就是萬事萬物。我各別的每個部分永遠會持續下去，永遠在改變，永遠新鮮。

如今，我領悟到那死神，丹．米爾曼如此畏懼的那個死神，不過是他的一個大幻象。因此他的生命也不過是幻象，是個難題，充其量只是意識忘形時一樁好笑的事件。

丹活著時，並沒有通過那扇大門，並沒有體會到自己真實的本性；他單獨一人活在終將一死的人生與恐懼中。

可是，**我**知道。但願他當時就知道我此刻明白的事。

我微笑著，躺在洞穴的地上。我坐起來，倚靠著岩壁，望著那一片漆黑，我感到迷惑，卻不害怕。

我的眼睛開始適應黑暗，看到有個白髮男人坐在附近，對著我微笑。這時，彷彿從千萬年以前的時空中，一切又都回來了，我回歸到我這個終將腐朽的肉身，這令人一時悲從中來，但我隨即領悟到，這也無關緊要，一切都無關緊要！

我覺得這件事很好笑，每件事都很好笑，於是大笑起來。我看看蘇格拉底，我們的眼睛露著喜氣，閃閃發光。我知道他知道我明白了什麼，我跳過去抱住他，我們就在洞穴裡手舞足蹈，為我的死亡狂笑不已。之後，我們收拾好行李，下山去。我們通過那條通道，穿過深谷，越過巨石地，朝基地營前進。

我沒怎麼開口說話，但不時發出笑聲，因為我每次環顧四周，看著大地、天空、太陽、樹木、湖泊和溪流，就會領悟到，這些通通是我，其間根本沒有分野。

丹．米爾曼長大成人的這些年來，一直掙扎著要「成為重要人物」。這根本就是越活越回去嘛！丹一直是一個人，有顆恐懼的心和終將腐朽的身體。

我心想，好啦，這會兒我又在扮演丹．米爾曼了，我最好在永恆當中的這幾秒鐘裡，重新習慣這件事，直到這幾秒鐘也消逝為止。不過如今我已明白，我不光是一塊肉而已，這個祕密使一切都大大改觀了！

我無論如何都無法描述這項了解帶來的衝擊，我只是**清醒**了。

我清醒著面對真實，不受任何意義或任何追尋的束縛，哪還有什麼可以追尋的呢？我的死亡讓蘇格拉底的話語全都活過來了，這就是一切的詭論所在，一切的幽默所在，是偉大的改變。所有的成就，所有的目標，都同樣的討喜，也同樣的多餘。

能量在我的體內運行，我幸福滿溢，爆出笑聲，發出這笑聲的，是一個莫名其妙就感到快樂的人。

我們就這樣一路下山，經過最高處的湖泊，經過林線邊緣，走進密林，朝向我們兩天前，或是一千年前，紮營的溪畔。

我把我所有的規章，所有的道德，所有的恐懼，都拋在山中，我再也不受控制，還有什麼懲罰可以威脅我呢？我雖然沒有行為守則，卻感覺得到什麼是平衡的、適當的和充滿愛心的。我終於有能力發揮慈愛，蘇格拉底就說過，有什麼能比慈愛更宏偉有力呢？

我拋下我的心智，進入心靈之中。大門終於敞開了，我大笑著，跌跌撞撞地穿過大門，因為就連這扇門也是個笑話。那是扇無門的門，又一個幻象，又一個影像，是蘇格拉底把它編織、放入我的真實結構中，他很久以前就承諾過會這麼做。我終於看見呈現在眼前的一切，這條小徑將綿延下去，永無止境，不過現在，它一片光明。

我們在要天黑以前，回到了營地。我們生起營火，吃了一點乾果和葵花籽，這是僅餘的存糧。直到這時，當火光明滅不定照在我們臉上時，蘇格拉底才開口：

「你會失去它的，你知道。」

「失去什麼？」

「你的靈視。靈視是少有的，只有經過一連串不大可能的條件組合，才有機會得到——但是它是一種經驗，因此你會失去它。」

「蘇格拉底，你說的大概是真的，可是誰在乎呀？」我笑著說：「我失去我的心智，而且似乎到處都找不到它了。」

他驚喜得揚起眉毛，「嗯，這樣看來，我對你該做的工作已經完成了，我的債還完了。」

「哇！」我咧嘴而笑，「你是不是在說今天是我畢業的日子？」

「不，丹，今天是我畢業的日子。」

他起身，揹上背包，消失在陰影中。

該回到加油站了，一切都是從那裡開始。不知怎地，我覺得蘇格拉底已回到那裡，等著我。日出時，我收拾好背囊，拾步下山。

我花了幾天才走出荒野，搭車到佛雷斯諾，沿一〇一公路進入聖荷西市，再轉回帕羅奧托。難以相信不過才幾個禮拜前，我離開公寓，那時我還是個沒有希望的「重要人物」。

我卸下行李，駕車到柏克萊，在下午三點來到熟悉的街頭，蘇格拉底還要好一陣子才會來上班。我在皮耶蒙特街停好車，走到校園。剛開學不久，學生們忙著扮出學生的樣子，我走在電報街上，看著售貨員稱職地扮演售貨員的角色。我所經之處，布店啦，市場啦，電影院啦，按摩院啦，每個人都稱職地扮演他們自認的角色。

我朝北走上大學路，沿著夏圖克路前行，一路經過許多十字路口，我就像是快樂的幽靈，佛陀的幽魂。我巴不得向人們附耳低語：「醒來吧！醒來吧！你自以為是什麼的這個人馬上就要死了，所以現在就醒來，讓這番話滿足你吧：不需要追尋，成就終究是一場空，它根本不會造成任何差異，所以，現在就快樂起來吧！愛是世界上僅有的真實，你知道，因為愛是『唯一』。僅有的法則是詭論、幽默和改變，沒有什麼問題不問題的，問題從來就不存在，未來也不會存在。拋下你的掙扎，放開你的心智，丟掉你的憂慮，放鬆進入這世界。不需要抗拒生命，盡力而為就好。張開你的眼睛，看見自己遠超過你的想像。你是世界，你是宇宙，你也是你自己和所有的人。一切都是上蒼的美妙演出，醒來吧，重拾你的幽默，別擔心，你自由了！」

我想把這段話告訴我所看見的每個人，不過真要這麼做的話，他們八成會以為我瘋了，甚至認為我是個危險人物。我知道，沉默是金。

商店紛紛打烊，蘇格拉底再過幾小時就要到加油站值班，我把車開到小山上，停好車，坐在俯瞰海灣的山崖邊。我俯視遠處的舊金山市區和金門大橋，我可以感覺到一切，在海灣對岸青翠多林的瑪林山區裡，鳥兒正安棲在巢裡。我感覺得到城市的生命，成雙成對的愛侶彼此擁抱，罪犯在作案，從事社會工作的義工正在貢獻自己。我知道凡此種種，慈悲和殘酷，崇高和低賤，神聖和猥瑣，都是上蒼這場演出的一部分。每個人都把自己的角色演得那麼好！而我就是這一切，是其中每一個微乎其微的一部分。我凝望世界的盡頭，熱愛一切。

我闔眼靜坐，但馬上體悟到，我如今無時無刻不在冥想，只不過眼睛是睜開的。

午夜過後，我把車子開進加油站，抵達時，服務鈴響了一聲。我的老友步出溫馨明亮的辦公室，他看來正值壯年，年約五十，體格瘦削、強韌，舉止優雅。他繞到駕駛座旁，咧嘴笑道：「要加滿油箱嗎？」

「幸福就是加滿的油箱。」我回答，而後沉吟半晌，我在哪裡聽過這句話呢？我需要想起什麼呢？

蘇格拉底加油時，我擦洗車窗，把車停在加油站後面，最後一次走進辦公室。對我而言，這裡儼如聖地，是一座看起來不像聖殿的聖殿。今天晚上，室內似乎電流充沛，絕對有什麼正在進行，但我一點兒也摸不著頭緒。

蘇格拉底從他的抽屜裡取出一本大筆記簿，遞給我，由於年代久遠，紙張都龜裂乾枯了，簿裡的筆跡則工整而秀氣。「這是我的日記，記載著我年少以來的一生。你所有沒問過的問題，都將在其中獲得解答。我現在送給你，這是份禮物。我能給你的，都給你了，現在要靠你自己，我的責任已了，但是你還有工作得做。」

「哪還剩什麼沒做的呢？」我微笑著說。

「你以後會寫作，會教學，會過著普通的生活，學習如何在紛亂的世界中作個普通人，而且就某個層面來說，你已經不屬於這個世界。做個普通人，這樣就能對他人有所助益了。」

蘇格拉底從座位上起身，把馬克杯小心放在桌上，排在我的杯子旁邊。我看著他的手，那隻手閃閃發光，比以前都還來得明亮耀眼。

「我覺得很怪很怪。」他以驚訝的語氣說：「我想我得失陪了。」

「有沒有什麼我可以幫忙的？」我說，心想他大概是肚子不舒服。

「沒有。」他凝視著空中，好像這房間和我都已不復存在。他緩緩走到標示著「非請莫入」的那扇門，推開，走進去。

我不曉得他是不是還好，我感覺得到我們在山上共度的時光，使他筋疲力盡，可是這會兒他渾身的光芒卻比以前都明亮。照慣例，蘇格拉底就是不合常理。

我坐在沙發上，望著那扇門，等他回來。我隔門嚷道：「嘿，蘇格拉底，你今晚就跟螢火蟲一樣的閃亮呢，難不成你晚餐吃了電鰻嗎？今年聖誕節我一定要邀你到我家吃飯，用你來裝飾聖誕樹，會很漂亮喲。」

我覺得我看到門下的縫隙有光一閃而過。嗯，燈泡壞了，說不定可以讓他快一點辦完事。

「蘇格拉底，你難道一晚上都要待在裡頭啊？我還以為戰士是不會便秘的。」

五分鐘過去了，十分鐘過去了。我手捧著他寶貴的日記，坐在沙發上。我叫了他一聲，又叫了一聲，他都沒有回答。我倏然明白了，這是不可能的，但是我知道確實發生了。

我一躍而起，奔到門口，用力推開門，力道之大，使得門撞到磁磚牆，哐噹一聲，在空無一人的洗手間裡發出空洞的回音。我想起半晌之前的那道閃光，蘇格拉底發著光，走進洗手間，而後消失無蹤。

我站在那兒良久，聽見熟悉的加油站服務鈴，而後是車子的喇叭聲。我走到室外，機械性地加滿油箱，取過鈔票，從我自己的皮夾裡掏錢找給對方。我回到辦公室，這才注意到自己連鞋子都沒穿。我笑了起來，笑聲變得歇斯底里，然後安靜下來。我坐回沙發上，坐在那張如今已破破爛爛的墨西哥毛毯上，失了神。我環顧房間，看著那塊年久褪色的黃地毯，看著那張胡桃木書桌和開飲機。我看到那兩只馬克杯，蘇格拉底的和我的，它們仍靜靜立在桌上。最後，我看著他那把空空的椅子。

這時我開口對他講話。不管這頑皮的老戰士在何方，我都有最後的幾句話要對他說：「好吧，蘇格拉底，在過去和未來之間，我又來了，漂浮在天地之間。我該說什麼，才足以表達我的意思呢？謝謝你，我的師父，我的靈感，我的朋友，我會懷念你的，再會。」

我最後一次離開加油站，滿心奇妙的感覺。我知道我並沒有失去他，並不是真的失去他。我花了許多年才看出再明白也不過的事，那就是，我和蘇格拉底從來就沒有什麼不同，這麼多年來，我們一直是一體，始終是相同的。

我走過林木夾道的校園小徑，越過小溪，行經陰涼的小樹林，走進城市，繼續前行，走在那條道路上，步上回家的路。

「蘇格拉底，我所有的幻象都消逝了，但是好像沒有留下什麼來取代這些幻象。你曾經讓我看到追尋是徒勞無益的，可是寧靜戰士之道不也是一條路徑，不也是一種追尋嗎？」

他笑著搖搖我的肩膀，「過了這麼久，你總算提出有意思的問題了，而答案呢，就在你眼前。打從一開始，我就對你指出寧靜戰士的道路，而不是走向寧靜戰士的途徑。你只要沿著這條路走，就是個寧靜戰士。過去八年中，你放棄了你的『戰士身分』，好去追尋這條路，但是這條路就是當下——它一直都在。」

結語

風中的笑聲

我已通過那扇大門，看到該看的一切，在高山上體認到我真實的本性。然而，如同那位肩負重任、繼續上路的老人，我知道，一切都已改變，一切也都沒有改變。

我仍然過著普通人的生活，履行普通人的責任。我必須自我調適，才能在這世上過有益的生活，這個世界並不喜歡對追尋以及對問題都不再有興趣的人。我學到了，一個莫名其妙就感到快樂的人，足可令世人不快！有很多次，我開始了解，甚且羨慕安居在偏遠洞穴中的僧侶。但是我去過我的洞穴，我「受」的時光已經告終，現在該是「施」的時候了。

我從帕羅奧托搬到舊金山，當起了油漆匠。我在安頓下來以後，著手進行未完成的事務，自離開歐柏林以來，我一直沒和喬依絲聯絡，我找到她在新澤西州的電話號碼，打電話給她。

「丹，好令人驚喜呀，你好嗎？」

「喬依絲，我很好。我近來經歷了很多事情。」

電話另一端沉吟半晌，「呃，你女兒，還有你太太，還好嗎？」

「琳達和郝麗都很好，琳達和我離婚一陣子了。」

「丹……」電話另一端又沉吟一會兒，「你為什麼打電話來？」

我深呼吸一口氣，「喬依絲，我想要妳來加州，跟我一起生活。我對妳，對於我們，沒有一絲的懷疑，我這兒有充足的空間……」

「丹，」喬依絲笑著說：「你的速度對我來說太快了！你建議什麼時候開始作小小的調適呢？」

「現在就開始，或者盡快開始。喬依絲，我有好多好多事想告訴妳，我從來沒把這些事跟別人講，這心事我已隱瞞了許久，妳一決定好，就打電話給我好嗎？」

「丹，對這件事，你很確定嗎？」

「是的，相信我，我每天晚上這個時候都會在這兒等妳的電話。」

兩個禮拜後的晚上七點一刻，我接到一通電話。

「喬依絲！」

「我現在在機場。」

「在紐華克機場嗎？妳要離開了？妳要來了？」

「是舊金山機場，我到了。」

我一時反應不過來，「舊金山機場？」

「對呀。」她笑著，「你知道的，市區南方的小機場呀。嗯？你是要來接我？還是要我搭便車過去？」

接下來的日子，我們一有空就廝守在一起。我不再是油漆匠，在舊金山一間體操教室任教。我把我的生活經歷和有關蘇格拉底的一切，通通告訴喬依絲，內容大致就像我在本書中所寫的。她聽得很專心。

「丹，你知道嗎？你跟我講起那個人時，我有種怪怪的感覺，好像我認識他似的。」

「嗯，一切都是可能的。」我微笑著說。

「不是這樣的，我真的好像認識他！丹尼，有件事我一直沒有告訴你，我要唸高中以前曾經離家出走。」

「嗯，」我回答，「是不大尋常，不過不是很怪異。」

「怪異的地方在於，我對從離家出走到就讀歐柏林之間的那幾年，記憶是一片空白的。還不只這樣，在歐柏林的時候，你來以前，我記得作過一些夢，那是些非常奇怪的夢，夢境和跟你長得很像的一個人有關，還跟一個白髮的男人有關！而我的父母，我的父母……丹……」她明亮的大眼睜得大大的，噙滿淚水，「……我的父母總是叫我的小名……」我攬著她的肩，望進她的眸子。緊接那一刻，彷彿電擊一般，我們記憶中的一隅敞開了，她說：「我的小名叫喬依。」

我們在加州山區，在朋友的祝福下結婚。我多麼希望能和一個人分享那一刻，那個人為我們倆開啟了這一切。我想起他以前給我的那張名片，我真的需要他時可以使用。我想，該是時候了。

我溜開一會兒，越過道路，走到一個小土丘，俯瞰著樹林和連綿起伏的丘陵。那兒有一個園子，裡面只有一棵榆樹，幾乎被隱沒在葡萄樹叢中。我掏出皮夾，找到夾在其他證件當中的名片，它起皺了，依然閃閃發光。

戰士企業

主管，蘇格拉底

專長：

詭論、幽默和改變

限緊急情況！

我雙手捧著名片，輕聲說：「好，蘇格拉底，你這個老法師，變個把戲吧。請來看我們，蘇格拉底！」我等了一會兒，又試了一次，什麼都沒發生，風呼呼吹了一陣子，僅此而已。

我好失望、驚訝。我暗暗希望他多少會回來一趟，他卻沒回來，此刻沒來，永遠也不會來了。我垂頭喪氣，看著地上，「別了，蘇格拉底，別了，吾友。」

我打開皮夾，把名片放回去，再次盯著那始終未消褪的亮光。這時名片起了變化，原本是「限緊急情況！」的地方，現在變成兩個字，比其他的字樣都明亮。那兩字就是「快樂」，這是他的賀禮。

剎那，一陣薰風輕拂過我的臉龐，吹亂我的頭髮，一片落葉從榆樹飄下，劃過我的臉頰。

我頭向後一仰，欣然而笑，透過榆樹向四面八方伸展的枝椏，看著雲朵懶洋洋飄過。我凝視石牆上方，遠眺散落在青翠林間的房屋。一陣風又吹起，一隻孤鳥飛過。

這時，我感覺到其中的真理，蘇格拉底沒有回來，因為他從來不曾離去。他不過是改變了，他是我頭上的榆樹，他是雲朵，是鳥，是風。他們將永遠是吾師、吾友。

我將回到我的妻子、我的家、我的朋友和我的未來，在回去以前，我環顧周遭的世界。蘇格拉底到過這裡，他無所不在。

後記

作者的話

這本書曾觸動無數讀者的生命，也在我無從預料的各個方面，改變了我的生命。事情始於一九六六年，當時我就讀於柏克萊加州大學，一連串遭遇帶著我跌跌撞撞走上明暗不定、出乎意料的旅途。我的生活變成一場歷險，和《愛麗絲夢遊仙境》主人翁的遭遇不無相似之處，愛麗絲一不小心跌進兔子洞，從此進入一個有著不同的現實與規則的天地。本書是自傳體小說，真實和虛構被揉為一體，以便提醒我自己及我的讀者，生命其實有更大的願景、更高的可能性。

在本書所記述的事情過後，緊接下來的好幾年，我周遊列國，同時深入我心與靈最隱密的角落。我想明白我究竟學到了什麼，因而求拜數位師尊門下，潛心修習。在那段期間，我和內人喬依絲結婚成家，做過好幾份差事，直到我找到使命所繫，學到在大學裡和修行道場中都沒有的課程，這使人謙卑的課程，只有在「日常生活」這所學校才找得到。

我原本並不打算當作家或講師，可是我有故事要講，有學習心得要與人分享，因此我一路走，一路學藝，需要做什麼，就去做什麼。這本書花了十年工夫才成形，手稿完成後，我投給幾家出版社，他們看也不看就退回。其中一份退稿信的信封上，用圖章蓋了一行字：「本社僅收受文學經紀人遞送之稿件。」我查閱電話簿，找到舊金山的拉森——波瑪達經紀公司。麥可和伊莉莎白認為這本書頗有潛力，同意把稿子送出去。

一九八〇年，洛杉磯有家出版社提供一個不高但適當的稿酬，我接受了。我提交的第一稿主要形式屬於非小說類的指南書，僅僅不經意地提到我和一位名叫蘇格拉底的加油站老工人接觸的經過，編輯請我多寫一點我們倆相處的情形。接下來三個禮拜，我埋頭苦幹，一天寫上十八到二十個鐘頭，有時大笑，有時大哭，就這樣寫完了這本書。

編輯選了個模稜兩可的有趣的副書名：「一個基本上真實的故事」，書店業者卻不認為好玩，他們不知道該把書歸到哪一類，少數書店乾脆堆著不上架。第一版的書很快就魂歸西天，版權歸還給我，可是我的經紀人沒有辦法再替這本「鎩羽的精裝本」找到出版社。

其後三年，這本書困坐絕版書林，未得翻身，直到有一天，其中一本落到霍爾．克拉瑪的手上。克拉瑪先生多年前創辦天藝出版公司，一九八〇年出售該公司後宣告退休。一九八三年，有位朋友送他這本書，霍爾大受啟發，宣稱：「我要重返出版界，把這本書當開山作。」當年七十高齡的霍爾，說明他一無宣傳預算，二無人手，三無辦公室，只能給我一百美元的預付版稅，外加對本書的信心。我們握手，我簽了約，我的出書歷險記再度上路。

我把我收到的感謝信拿給霍爾看，這些信件數量多得令人驚奇。信中常常出現同樣的句子：「我覺得你彷彿寫到了我的內在生命……這本書好像是為我而寫……幸好我適時拜讀大作。」不過最常出現的句子是：「這本書改變了我的生命。」由於原來的精裝本得到這樣的迴響，霍爾說我們應該替這本書取個副書名，就叫「一本改變生命的書」，《深夜加油站遇見蘇格拉底》自灰燼中浴火重生。不過，英國哲學家培根有云：「我們沿著蜿蜒的樓梯，爬到最高處。」我的出版商花了整整兩年，才說動連鎖書店在每家分店裡擺上一冊。然後，奇妙的事情發生了——口碑。

自一九八〇年以來，我收到成千上萬名讀者來信。有位女士說，她的丈夫失業、酗酒，心情抑鬱，成天賴在床上，難得起來。有位親戚送給他一本我的書，他讀了以後，起床，更衣，出門，找到一份差事，戒酒，開始學習武術。我在夏威夷一處加油站（說來還真巧）遇見一位少婦，她對我說：「要不是讀了你的書，我早就死了，這個孩子也不會出生。」大多數的感言、故事和謝辭，並沒有這麼戲劇化，但同樣鼓舞了我、激發了我，使我勤寫、勤述不倦。

本書發行平裝本後，我有五年的時間致力編寫劇本，將我在書中的理念改編成電影傳達出去。一九九〇年，我根據新近的學習心得，寫了本姐妹作，我極需闡明、推廣蘇格拉底講授的道理，以及我自己的生活體會，於是振筆疾書，直到今天。我寫了一系列非文學類的指南書，透過每一本顯現一個面向，揭示寧靜戰士走向睿智、美好生活之道。

有關本書，讀者最常提出的問題不外乎：「故事有幾分是真實的？真有蘇格拉底這個人嗎？他真有書中寫的那些本領嗎？」我往往回答：「蘇格拉底絕對是真的，但丹．米爾曼是虛構人物。」說到底，是真是假，真的那麼重要嗎？說不定這會兒你明白了，蘇格拉底也好，丹．米爾曼也好，通通無關緊要；我們不過是象徵和路標罷了。重要的是，慈悲，仁愛，別太自以為了不起，要在稍縱即逝的每一刻，清醒享受生命的禮物。

本書在初次出版二十年後的現在，已成為出版界的非凡現象。有成千上百萬的人透過二十種語言，讀到這本書，並與親友分享。這本書為許多人帶來了希望、意義，使他們重新發現人生的目的。然而這本書只是人類旅程這個史詩故事的一個刻面而已。

我如今已是坐五望六之齡，並為人祖父，每當回想起當年那段歲月，我既是年少的體操選手，又是心靈的浪子，我仍不禁莞爾。我回顧那些年中生命是如何一步步對我揭示真相，我向外凝望這世界，照著鏡子，看到改變居然如此之多；因此種種都令我心存敬畏。迄今，我的腦袋仍在雲層裡，雙腳卻更堅定植栽在堅實的大地中。這幅均衡的影像適足代表寧靜戰士之道，包含了肉體和靈魂、東方和西方、男女、內外、身心、黑暗和光明、鼓勵和愛。我們都是寧靜戰士，是這條道路塑造了戰士。

各位旅伴，一路平安。

丹・米爾曼，二〇〇〇年春天

用不同角度看《深夜加油站遇見蘇格拉底》——新世代、新視野

二〇二二年，《深夜加油站遇見蘇格拉底》【全新修訂版】以全新雙書封、新開本、新序與問答代跋的全新樣貌，與讀者見面。本書自推出以來，一直受到不同年齡層的讀者們閱讀與討論；英文版自八〇年代推出後，四十年來始終是暢銷不墜的心靈經典。到底是什麼原因使這本書吸引許多讀者；不論重讀或新讀，這本書又為讀者們帶來什麼啟發與思考？

趁著這次推出全新修訂版的機會，編輯部特別邀請新生代作家方子齊來作一個小小的問答，試著透過這位將近千禧年出生的年輕作家，從他的角度觀看本書，會看到什麼不同的景色？是否早已跳脫丹・米爾曼未曾想像的境界？無論是何種藝術創作，創作本身就會走出自

己的生命；不管用何種角度觀看本書，都是獨一無二的。編輯部也期盼透過此次問答，能激發出更多不同的討論與思考。以下是子齊的回答：

閱讀本書時當下的心境如何？

與我同齡的美國體操選手拜爾絲（Simone Biles），在東京奧運公開心理病況，宣布退賽。不只美國體壇一面倒力挺拜爾絲，國際輿論也因此理解，空中失感（twisties）這類心理疾病，可能直接影響運動員的生理狀態。

一刀切開身心兩者，或標榜其一部分凌駕另一部分，經常徒勞無功。成長的不同階段，身心變化不停轉變，不禁碰撞數百種方式，追索最舒適的姿態。這段過程可能瀟灑開竅，也可能笨拙苦練，但唯有親身體驗，或許才能說服自己，底線與極限劃設的位置，究竟座標何處。

本書偶有令人出戲、宛如醫囑的健康指南。不過，正是這樣難以隱藏的直截善誘，提供一種可能的追尋導航。有時要你靠左，三百公尺後向右轉，還不惜打斷音樂，只為了要你繼續直行，些許細瑣的路徑，也可能送你到達目的地。

書中最印象深刻的部分，以及其對自己的影響？會如何推薦給讀者？

呼喚蘇格拉底的瞬間，敘事者就認定自己是柏拉圖。比起渴望遇上智者，人人更想成為追隨者，透過刻畫知識、乃至智慧降臨瞬間，親手創造無可取代的獨家記憶。

追尋自我不必然遺世獨立，更多時候是想試探，自己與世界的相對位置。敘事者沒有言明，這場拜師之旅裡頭，亟欲展露鋒芒的渴望；可如同體操選手這樣的角色設定，師生雙方切磋炫技，無論有意或者無意，已經滿足承接衣缽、甚至自成一家的心願。

讀者開卷之際，若能展開比小說舞台更加寬廣的身體，承認膨脹的想望，接納、並保有浮現的批判，或許能達成更值得的閱讀體驗。

本書自英文版於一九八三年出版並暢銷以來，已過了將近四十個年頭；中文版則自二〇〇六出版以來，已過了十六年，至今陪伴了許許多多的讀者，書中的概念必有其經典恆久之處，能否分享您覺得這本書迄今仍屹立不搖的原因？什麼地方現在看來依然意猶未盡？又有什麼地方現在看來，似乎無法反映現在的文化社會環境，但仍有其重要之處？

書中蘇格拉底一角，從名稱到對白，大量挪用歐陸、東方色彩思想。猛然展露〈狂泉〉之際，主角不忘回馬補上一槍，睥睨深夜前來加油的無害嬉皮，強調跳脫外在穿著風尚、不修邊幅的修煉，才是正軌。

語境變化讓書中的反動論述略顯尷尬，但正因為流露的新紀元（New Age）運動印記，形成重映初老電影的風趣錯置。無論是淪為功能性的女性角色，或者迴避政治議題的消極態度，歷經一波波種族與性別平權運動浪潮，這般男性說教（mansplain）文本流露一種可愛。

小說舞台深夜加油站，色澤上建構劇場般的黑盒子空間，得以溫潤照出神祕而迷人的道理。當筋肉體育生反覆找上亂撒尿的精瘦阿伯，討教身體與生命的道理，種種情節難逃腐女之眼。相互景仰流露的基情（bromance）宛如赫曼．赫塞《德米安：徬徨少年時》，忘年迷戀好似托瑪斯．曼《魂斷威尼斯》，在BL文本當道、蔚為主流的當下，有望拋磚引出精彩同人作品。

憑藉忍者哈特利一樣的身手，故事主角瞬間移動到異國城市，殘存好萊塢慣性沾醬油的視角，倏忽閃現的香港、冷戰時期的蘇聯，從時間與空間兩種維度上，跳島神遊，爽片般療癒大疫下悶壞的玩心。如果只想吃飯、祈禱、戀愛（*Eat, Pray, Love*），來一場梁靜茹式、或郭靜式的省道公路旅行，或許副駕駛座的抽屜，我們還是需要一本靜思語。

關於方子齊

新生代作家，著有詩文集《還不是我的時代》。一九九七年生，成功大學台灣文學系、高雄中學畢業，曾獲台積電青年學生文學獎等。現職國際新聞編譯，兼任主播。

心靈工坊 PsyGarden
Story 027

深夜加油站遇見蘇格拉底【全新修訂版】

Way of the Peaceful Warrior: A Book that Changes Lives

丹・米爾曼（Dan Millman）—著　韓良憶—譯

出版者—心靈工坊文化事業股份有限公司
發行人—王浩威　總編輯—徐嘉俊
責任編輯—饒美君　校對—饒美君、陳馥帆
封面裝幀—木木Lin　版面構成—兒日
通訊地址—10684台北市大安區信義路四段53巷8號2樓
郵政劃撥—19546215　戶名—心靈工坊文化事業股份有限公司
電話—02）2702-9186　傳真—02）2702-9286
Email—service@psygarden.com.tw　網址—www.psygarden.com.tw

製版・印刷—中茂製版印刷股份有限公司
總經銷—大和書報圖書股份有限公司
電話—02）8990-2588　傳真—02）2290-1658
通訊地址—248新北市五股工業區五工五路二號
三版一刷—2022年4月　三版四刷—2024年2月
ISBN—978-986-357-236-7　定價—380元

國家圖書館出版品預行編目資料

深夜加油站遇見蘇格拉底【全新修訂版】/ 丹.米爾曼(Dan Millman)著 ; 韓良憶譯. -- 三版. -- 臺北市 : 心靈工坊文化事業股份有限公司, 2022.04
面；　公分. -- (Story ; 27)
譯自 : Way of the peaceful warrior : a book that changes lives
ISBN 978-986-357-236-7(平裝). --
ISBN 978-986-357-237-4(平裝限量版)

1.小說 2. 心靈成長

192.1　　111003858